Georg Weindl

Die 28 schönsten E-BIKE TOUREN in Oberbayern

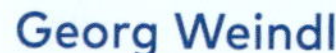

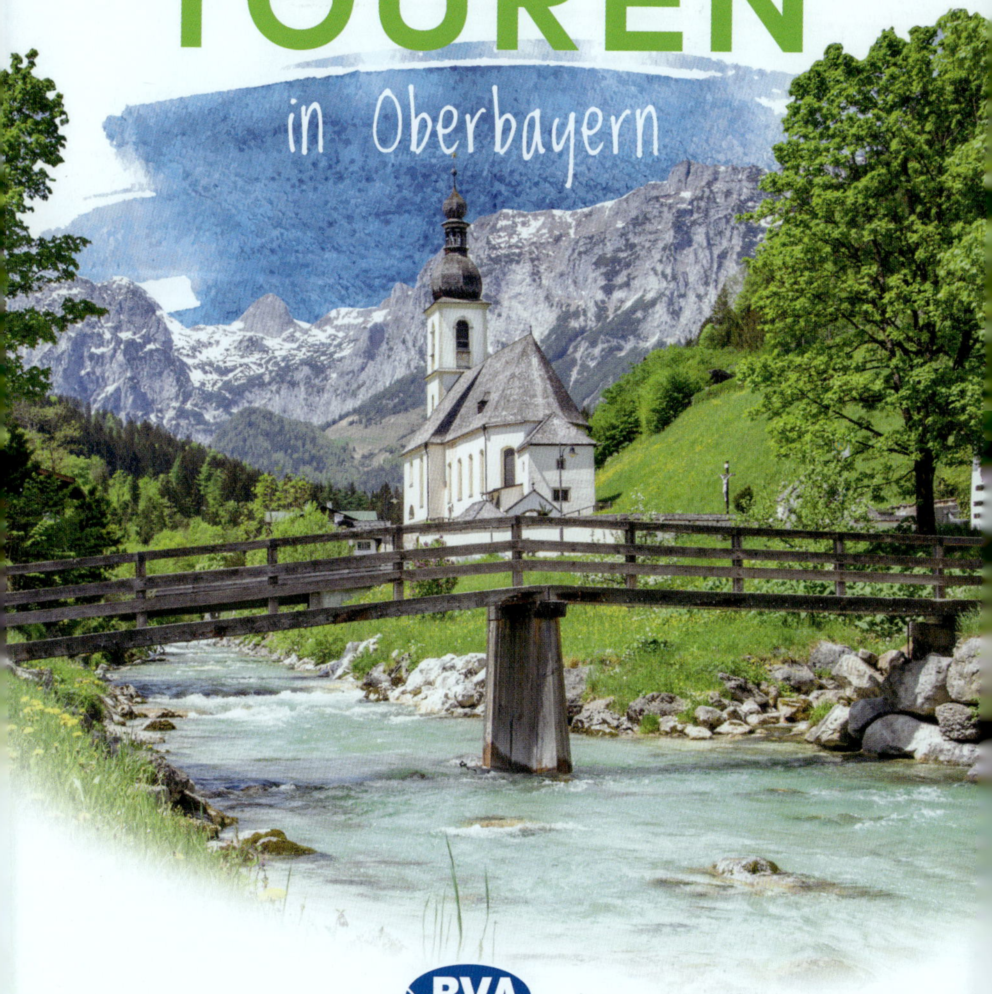

BVA

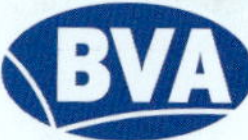

Inhaltsverzeichnis 2
Vorwort 8

Die Touren

1 Rund um den Ammersee
Rundtour Herrsching – Dießen – Utting – Eching, 43 km 14

2 Der See der oberen Zehntausend
Rundtour Starnberg – Tutzing – Seeshaupt, 49 km 22

3 Das romantische Würmtal
Streckentour München – Starnberg, 25 km 32

4 Romantisch durch den Pfaffenwinkel
Rundtour Schongau – Wildsteig – Rottenbuch, 47 km 42

5 Rund um den Staffelsee
Rundtour Murnau – Uffing – Bad Kohlgrub, 45 km 48

6 Mehr Prominenz geht wirklich nicht
Streckentour Neuschwanstein – Steingaden – Oberammergau, 39 km 56

7 Bayerische Romantik am Walchensee
Rundtour Lenggries – Walchensee – Sylvenstein Stausee, 53 km 64

8 Entlang der Isar in die Berge
Streckentour München – Wolfratshausen – Bad Tölz - Lenggries, 71 km 72

9 Die schönsten Seiten des Isartals
Streckentour Bad Tölz – Sylvenstein Stausee - Mittenwald, 59 km 82

10 Rund um den Tegernsee
Rundtour Gmund – Rottach – Wildbad Kreuth, 21/45 km 92

11 Berühmte Berge und Seen
Streckentour Gmund – Rottach – Bayrischzell - Schliersee, 60 km 100

12 Auf dem Mangfallradweg nach Rosenheim
Streckentour München – Aying – Rosenheim, 66 km 108

13 Landpartie von Rosenheim zum Chiemsee
Streckentour Rosenheim – Raubling – Aschau – Prien am Chiemsee, 45 km ... 114

14 Vom Chiemsee ins Bergsteigerdorf
Streckentour Prien am Chiemsee – Aschau - Sachrang, 57 km 120

15 Drei Bergseen bei Reit im Winkl
Rundtour Reit im Winkl – Mittersee, 26 km 126

16 Am Innradweg durchs Voralpenland
Rundtour Rosenheim – Rott a.Inn – Wasserburg, 64 km 132

17 Am Inn von Wasserburg bis Burghausen
Streckentour Wasserburg – Mühldorf – Altötting – Burghausen, 89 km 140

18 Bayerisch-österreichischer Grenzverkehr
Streckentour Freilassing – Laufen – Tittmoning - Burghausen, 68 km 146

19 Brauereien, Biergärten und Klöster im Chiemgau
Rundtour Altenmarkt a.d. Alz – Tachterting – Schnaltsee – Seeon, 61 km ... 154

20 Eine Runde um das Bayerische Meer
Rundtour Bernau a. Chiemsee – Prien – Breitbrunn – Chieming, 56 km 160

21 Stilvolle Seenrunde im Chiemgau
Rundtour Waging – Taching – Tettenhausen – Petting, 39 km 168

22 Münchner Biergartenrunde
Rundtour München – Grünwald – Oberhaching, 34 km 176

23 An der Isar von München nach Freising
Streckentour München – Garching – Freising, 35 km 182

24 Auf den Spuren von Klöstern, Kirchen und Wirtshäusern
Rundtour Altomünster – Oberzeitlbach – Kleinberghofen – Thalhausen – Stumpfenbach, 21 + 23 km 190

25 Zum Ursprung des Bayerischen Biers
Streckentour Ingolstadt – Wolnzach - Freising, 82 km 196

26 Eine Runde durch das Hopfenparadies
Rundtour Nandlstadt – Enzelhausen – Au i.d. Hallertau – Wolfersdorf, 47 km 202

27 Sanfte und wilde Donau
Streckentour Ingolstadt – Neustadt a.d. Donau – Kelheim, 62 km 208

28 Pure Romantik im hohen Norden
Streckentour Eichstätt – Pfalzpaint – Kinding, 39 km 216

Mit Ortsporträts von

Starnberg 30
München 38
Bad Tölz 80
Mittenwald 90
Freising 188

DIE 28 SCHÖNSTEN E-BIKE-TOUREN IN OBERBAYERN

IN BAYERN GANZ OBEN

Oberbayern ist einer von sieben bayerischen Regierungsbezirken. Aber er ist mit Abstand der größte und der touristisch am meisten begehrte. Und das hat viele gute Gründe.

Ein guter Grund ist die herrliche Landschaft der bayerischen Berge mit dem Alpenvorland, garniert mit schönen Seen wie dem Starnberger See, dem Ammersee und dem Chiemsee. Nicht zu reden von den vielen kleinen Seen, die diesen Reiz noch perfektionieren.

Oberbayern bietet aber noch viel mehr. Da ist natürlich die Metropole München mit einem außergewöhnlichen kulturellen und touristischen Angebot inklusive des Großraums München, der zu vielen herrlichen Radtouren einlädt. Man kann dort also Radtouren wunderbar kombinieren mit klassischem Sightseeing mit kulturellen Sehenswürdigkeiten. Nicht nur München, auch andere größere Städte haben ein gutes Netz an Radwegen. Und mit dem Rad ist man in Städten sowieso im Vorteil, kommt schnell an die besten Plätze und muss sich keine Gedanken um Parkplätze oder Parkgebühren machen. Einzig das sichere Absperren des Rads sollte man in Städten nicht vernachlässigen. Aber das ist im Alltag auch nicht anders.

Oberbayern geht auch gemütlich

Wer nun den Trubel meiden will, wer lieber dort radelt, wo es ruhig und gemütlich ist, der findet in Oberbayern viele Gegenden mit einer höchst verlockenden

Traumhafte Wege im Pfaffenwinkel

bayerischen Gemütlichkeit. Oft sind es nur wenige Kilometer, wenn man zum Beispiel von München aus nach Nordwesten ins Dachauer Land fährt oder im Nordosten durch die Hallertau, das sehr ursprüngliche Hopfenanbaugebiet, und man fühlt sich wie in einer anderen Welt. Kleine Dörfer mit viel traditionellem Charisma, mit entspannter Atmosphäre ganz ohne Stress.

So ist es auch, wenn man vom überaus beliebten Chiemseeradweg ein wenig nach Norden und rund um den malerischen Seeoner See und Obinger See von Dorf zu Dorf radelt und allerhand Geheimtipps in Form von authentischen kleinen Brauereien und Biergärten begegnet. Ähnliche Qualitäten finden sich auch ganz im Osten im Rupertiwinkel direkt an der Grenze zu Österreich, wo man immer wieder der wirklich sehenswerten klassischen Inn/Salzach-Architektur begegnet.

Mit der Bahn zum Radweg

Ein Großteil der Touren ist so aufgebaut, dass man Start und Ziel gut mit der Bahn erreichen kann und die Bahnhöfe auch barrierefrei sind. Wobei hier die Dinge im Fluss sind und immer mehr Orte die Bedeutung des

Blick auf die Fraueninsel

Radtourismus erkennen und auch versuchen, mit barrierefreien Maßnahmen die Attraktivität der Anreise mit öffentlichen Verkehrsmitteln zu erhöhen. Das gilt im übrigen auch für den Zustand der Radwege. In zahlreichen Orten wie zum Beispiel rund um den Tegernsee haben die Gemeinden eigene Beauftragte für die Radwege und den Radtourismus, die sich darum kümmern, dass die Rahmenbedingungen für die Radler immer besser werden und die Radwege auch entsprechend optimiert werden.

Schöne Touren, die sich individuell kombinieren lassen

Apropos Isarradweg. Zahlreiche Touren in diesem Buch orientieren sich an bekannten Fernradwegen. Dabei wurde die Tourenplanung so ausgelegt, dass Start und Ziel bequem mit öffentlichen Verkehrsmitteln erreichbar sind. Ein weiterer wichtiger Aspekt: man kann einige dieser Touren auch schön miteinander kombinieren. Wenn man zum Beispiel die Strecke von Freilassing bis nach Burghausen führt, dann hat man direkten Anschluss an den Innradweg, der flussaufwärts von Burghausen Richtung Osten über Mühldorf bis Wasserburg und weiter bis Rosenheim verläuft. Man kann auch die Tour Num-

mer 7 von Lenggries zum Walchensee ganz bequem mit dem Isarradweg kombinieren, egal ob man nun flussaufwärts Richtung Mittenwald oder flussabwärts Richtung Bad Tölz oder weiter nach München fahren will. So lassen sich richtig lange Radreisen konfigurieren. Ein Beispiel wäre die Tour von München auf dem Mangfallradweg bis Rosenheim, dann direkt weiter die Tour von Rosenheim über Aschau zum Ufer des Chiemsees und dann eine Runde um den berühmten Chiemsee Radweg. Dazu hat man auch noch eine Option, vom Chiemsee Westufer aus entlang des Flusses Prien hinein in die Berge bis zum Bergsteigerdorf Sachrang zu radeln.

Wo geht es hier zur Ladestation?

Für E-Biker natürlich ganz wichtig sind Ladestationen. Deshalb sind in jedem Kapitel Ladestationen mit konkreter Adresse entlang der Strecke aufgeführt. Diese Listen sind natürlich nicht vollständig, da nicht jede Region hier exakte Listen publiziert und sich auch die Lademöglichkeiten zuweilen ändern. Und in manchen Regionen ist die Bedeutung des Radtourismus auch noch nicht so fortgeschritten. Es ist also kein Fehler, unterwegs auch sein eigenes Ladekabel dabei zu haben. Oft ist es die einfachere und auch sympathische Art, in

einem Lokal eine Pause einzulegen, in dieser Zeit etwas aufzuladen und sich dafür beim Servicepersonal mit einem besseren Trinkgeld zu bedanken.

So klappt das mit der Reichweite

Erfahrene E-Biker kennen das natürlich, Gelegenheitsfahrer mit Leihrädern sollten sich darauf einstellen. Bei Tagesetappen mit E-Bikes sollte man vorsichtig kalkulieren, wenn man nicht mit leerem Akku das schwere Rad nur mit Muskelkraft bewegen will. Zusammen mit gut gefüllten Radtaschen sind es durchaus 30 Kilo und mehr, die da angetrieben werden wollen. Beim Radurlaub kostet das Gepäck natürlich Reichweite. Ein anderer wesentlicher Faktor ist der Streckenverlauf mit den Höhenunterschieden, die bewältigt werden wollen. Und dann schwankt die angezeigte Reichweite auf dem Display je nach Fahrmodus sehr stark. Das lässt sich gut nachvollziehen, wenn man einmal bei gleichbleibendem Tempo die verschiedenen Modi von Eco bis Turbo verglichen hat und von 30 bis 100 Kilometern am Start angezeigt bekommt. Da ist es auch nicht verkehrt, auf längeren Etappen anfangs mit etwas mehr Eigenleistung zu strampeln, damit am Ende, wenn man müde ist oder sich vielleicht auch noch verfahren hat, noch mehr Reserven bleiben.

Kartenmaterial

Die Kartenausschnitte in diesem Buch sollen Ihnen eine erste Übersicht und Orientierung für Ihre ausgewählte Tour geben. Für die allgemeine Radtourenplanung, z.B. auch für die individuelle Zusammenstellung einer Radtour aus verschiedenen Elementen unterschiedlicher Tourenvorschläge dieses Buches, ist eine größere und detaillierte Radwegekarte natürlich von Vorteil. Dazu finden Sie unter dem Kartenausschnitt entsprechende Hinweise auf die jeweilige ADFC Regionalkarte (Maßstab 1:75.000). Auf diese Weise können Sie z.B. bei Nutzung des ÖPNV auch Strecken planen, bei denen Sie einen anderen Bahnhof für die Abreise wählen als Ihren Startbahnhof.

Die ADFC-Regionalkarten gibt es auch als App unter www.fahrrad-buecher-karten.de/kartenapp.

Mehr Sicherheit mit GPS

Radfahren und Kartenlesen, das ist keine einfache Kombination. Keine Frage, wer sich unterwegs mit

GPS-Daten und Smartphone oder anderen Mobilgeräten orientieren kann, ist sicherer unterwegs und hat auch deutlich mehr Spaß. Man findet die Wege schneller und kann sich mehr darauf konzentrieren, die Landschaft als solche zu erleben. Und vor allem fährt man auch mit mehr Sicherheit, weil es gerade mit dem E-Bike wichtig ist, das Fahrzeug stets unter Kontrolle zu haben. Und wenn man unterwegs müde wird oder eben Hunger und Durst plagen, kann man sich auch besser orientieren und findet leichter zu einem nahen Pausenplatz.

Hinzu kommt noch, dass die Radwege ja nicht immer perfekt ausgeschildert sind. Da sind die Wegweiser manchmal unübersichtlich oder lückenhaft und lassen Interpretationen zu, welcher nun der richtige Weg ist. Vor allem in Städten ist es oft so, dass der Radweg gar nicht mehr ausgeschildert ist. Und das kann einem unerwünschte Umwege bescheren und richtig nerven. Das muss eben nicht sein, wenn man sich auf die digitale Unterstützung verlassen kann.

Dafür haben Sie hier die Möglichkeit, sich mit den passenden GPS-Daten vorzubereiten. So können Sie unbeschwert Ihre Tour starten und sich auf die schönen Dinge konzentrieren. Für jede der 28 Touren finden Sie auf unserer Internetseite die passenden Trackdaten. Mithilfe des Zugangscodes **OBA-01-153-596-EBB** stehen Ihnen die Daten auf der Seite **www.fahrrad-buecher-karten.de/ebiketourendigital** kostenlos zum Download zur Verfügung.

Helfen Sie mit!

Die in diesem Buch enthaltenen Informationen wurden sorgfältig nach bestem Wissen und Gewissen zusammen getragen. Dennoch gibt es gerade beim immer beliebter gewordenen Radtourismus ständig Neuerungen und Veränderungen. Da ändern sich Straßennamen und Wegführungen, werden Routen ergänzt oder zusätzliche Serviceangebote entlang der Strecken geschaffen. Helfen Sie uns mit, dieses Buch ständig aktuell zu halten, indem Sie uns eventuelle Änderungen unter **buecher@bva-bikemedia.de** mitteilen. Unser Dank ist Ihnen ebenso sicher wie der Dank der anderen Leser.

VIEL SPASS BEIM RADELN!

Die Seenschifffahrt am Ammersee ist auch bei Radlern beliebt

Tour 1

Länge 43 km

RUND UM DEN AMMERSEE

Eine entspannte Runde um den Ammersee als Tagestour mit Badepausen und Biergärten

Der Nachbar des berühmten Starnberger Sees war lange unterschätzt, genießt aber heute wegen seiner Natürlichkeit und Ursprünglichkeit viel Ansehen. Bei dieser 46 Kilometer langen Runde bleibt man fast immer am Seeufer und begegnet nicht nur schönen Badestränden, mal modern, mal nostalgisch, sondern auch vielen kulturellen Attraktionen. Und reizvollen Geschichten. Ein Vorteil: man kann zum Startort Herrsching bequem mit der S-Bahn von München aus fahren und sich gegebenenfalls dort auch ein E-Bike leihen.

Was erwartet mich?

43 km, eine Tour meist auf Radwegen, mal asphaltiert, mal Schotter, dazu auf Nebenstraßen und immer wieder auf schönen Seepromenaden. Eine leichte Rundfahrt ohne größere Anstrengungen. Optional kann man die Fahrt mit der Seeschifffahrt abkürzen.

Wie komm' ich hin?

ÖPNV:
S-Bahn S8 von München bis Herrsching

Mit dem Auto:
A96 von München Richtung Lindau, Ausfahrt Wörthsee, südwärts auf der St2349 über Seefeld bis Herrsching. Rund um den Bahnhof gibt es Parkmöglichkeiten.

Was muss ich sehen?

1 **Marienmünster**, Dießen
2 **Künstlerhaus Gasteiger**, Holzhausen
3 **Adolf Münzer Museum**, Utting
4 **Altes Strandbad Utting**, Utting

Wo tank' ich auf?

Brauhaus Herrsching, Mühlfeld 13, Herrsching
Alte Villa, Seestr.32, Utting
Wirtshaus am Steg, Seestr.8, Schondorf
Restaurant Fischer, Landsberger Str.80, Stegen
Seehaus Schreyegg, Landsberger Str.78, Stegen

Kartentipp: **ADFC Regionalkarte Bayerische Seen**

Dießen ist ein gutes Revier für Segler

TOURSTART

Der Bahnhof in Herrsching ist barrierefrei und nur wenige hundert Meter vom Seeufer entfernt. Vom Bahnhof aus fährt man zur Seepromenade am Kurpark und am Kurparkschlösschen vorbei.

Es ist noch nicht so lange her, da galt der Ammersee südwestlich von München als der eher einfache und bäuerliche Nachbar des noblen Starnberger Sees. Dort hatten sich ja schon im 19. Jahrhundert wohlhabende Münchner feine Villen bauen lassen. Aber mit dem Trend, sich mehr Ruhe und Natur zu gönnen, gewann auch der Ammersee an Reputation und entwickelte sich rasch zum Geheimtipp. Der ist er zwar heute nicht mehr, aber es lebt sich immer noch bodenständiger als beim Nachbarn Starnberger See. Durch die gute S-Bahn Anbindung von München ist er auch für Radtouren attraktiver geworden.

Herrsching ist einer der Hauptorte am Ammersee und liegt recht zentral und verkehrsgünstig am mittleren Ostufer und der Blick auf die Herrschinger Bucht bietet dazu einen stimulierenden Vorgeschmack auf die Runde.

Das **Kurparkschlösschen** gleich zu Beginn der Tour ließ Ende des 19. Jahrhunderts der Kunstmaler Ludwig Scheuermann nach dem Vorbild italienischer Palazzi erbauen. Heute gehört es der Gemeinde Herrsching und wird für Veranstaltungen genutzt.

Das Kurparkschlösschen ist heute eine Eventlocation

*Nun radelt man in südlicher Richtung am See entlang weiter und vorbei an der Schiffsanlegestelle und kurz danach am Schloss Mühlfeld mit seinem markanten Zwiebelturm. Wir bleiben am Seeufer Richtung Süden. Dieser erste Abschnitt bis zur Südspitze des Ammersees ist relativ grün und ursprünglich. Nach der Siedlung Wartweil mit dem Schullandheim kommt man zum Strandbad und zum schön gelegenen Biergarten Froschgartl. Bei Aidenried ist das Südufer erreicht und man kommt zum Mündungsgebiet des Flusses Ammer in den See. Die Tour führt weiter über Fischen und nach rechts (**Wegepunkt** ❶) auf der Dießener Straße durch das Vogelschutzgebiet Richtung Dießen.*

Das Marienmünster ist das Wahrzeichen von Dießen

Tipp: Eine Alternative wäre ein kurzer Umweg zu dem etwas weiter südlich gelegen kleinen Ort Raisting. Dort könnte man einen Abstecher zur Erdfunkstelle südlich des Ortes machen. Die Parabolantennen für die Satellitenkommunikation sind eine altbekannte Sehenswürdigkeit und wurden Mitte der sechziger Jahre in Betrieb genommen. Die größte Antenne für die Kommunikation mit Satelliten misst 25 Meter Durchmesser.

*Wir fahren nun schnurgerade nach Norden (**Wegepunkt ❷**) und auf direktem Weg Richtung Seeufer und kommen nach Dießen, einem der Hauptorte am See.*

Das weithin sichtbare Wahrzeichen von Dießen ist der 1 **Marienmünster**, der etwas abseits vom See auf einem Hügel steht und bis zur Säkularisation 1803 Teil eines Augustinerchorherrenstifts war. Heute ist der Prachtbau die Diessener Pfarrkirche. Nicht weit vom Marienmünster entfernt befindet sich das Carl-Orff-Museum, das nach telefonischer Anmeldung auch besichtigt werden kann. Der Komponist der Carmina Burana lebte von 1955 bis zu seinem Tod 1982 in Dießen.

Der Radweg begleitet weiter den See, kommt an einem Aussichtsturm vorbei, bevor es zur Schiffsanlegestelle und zum Hafen geht. Interessant ist hier die gut acht Meter hohe Statue „Mann mit dem goldenen Fisch". Danach bleibt der Radweg am See und führt weiter nach Norden bis zu einem Naturschutzgebiet, der Dießener Lagune, und weiter bis St. Alban.

Bekannt ist dieser Ort für die **Benediktinerinnenabtei** direkt am See, die es seit 1923 hier gibt. In dem Kloster haben auch Gäste Zugang, die für eine bestimmte Zeit am Klosterleben teilnehmen wollen.

*Danach radelt man vorbei an einem Freizeitpark, einer Bootswerft, einem Yachtclub und zahlreichen Lokalen wie zum Beispiel dem noblen Restaurant Seehaus in einem ehemaligen Bootshaus. Ab Riederau wird es wieder etwas grüner. Der Radweg quert den Wald im Naturschutzgebiet Seeholz (**Wegepunkt ❸**) und begleitet etwas abseits des Ufers die Bahnlinie. Die nächste Ortschaft ist Holzhausen.*

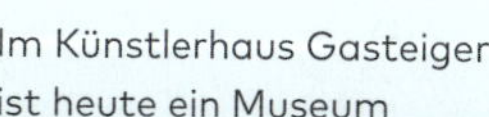

Im Künstlerhaus Gasteiger ist heute ein Museum

Kurz nach der Straße zum Dampfersteg befindet sich rechts das 2 **Künstlerhaus Gasteiger**. Die schöne Jugendstilvilla und ehemaliger Wohnsitz des Künstlerpaares Matthias und Johanna Gasteiger ist heute ein Museum und Veranstaltungsort. Direkt daneben befindet sich übrigens das alte **Polizeibad**, heute ein beliebtes Strandbad. Ganz in der Nähe lebte und arbeitete Adolf Münzer. Der Maler war Gründungsmitglied der Künstlervereinigung „Die Scholle" und arbeitete unter anderem für die Satirezeitschrift Simplicissimus. Die Adresse des 3 **Adolf Münzer Museums** kann man sich leicht merken: Es ist in der Adolf-Münzer Straße.

Reisemobilstellplätze an oder nahe der Route

Campingplatz St.Alban, Seeweg Süd 85, Diessen
Campingplatz Utting, Im Freizeitgelände 5, Utting
Campingplatz Jäschock, Strandweg 1, Inning

E-Bike Ladestationen an oder nahe der Route

Tourist Info, Bahnhofsplatz 3, Herrsching
VR Bank, Bahnhofsplatz 4, Herrsching
Untermüllerplatz 1, Dießen
P+R Parkplatz, Windermerestr.2, Dießen
Campingplatz Utting, im Freizeitgelände 5, Utting

Nun ist es noch gut ein Kilometer bis Utting. Direkt am Radweg gibt es hier eine knallrote Säule mit dem Titel „Fahrrad Feuerwehr" mit Werkzeug und Luftpumpe und ganz in der Nähe auch eine E-Bike Ladestation.

Gleich nach der Schiffsanlegestelle erreichen wir das alte 4 **Strandbad** von Utting. Recht nostalgisch mutet das an, mit alten Holzhütten und dem mächtigen, ebenfalls aus Holz gezimmerten Sprungturm – Badevergnügen wie in guten alten Zeiten.

Es gibt noch mehr Nostalgie. Dafür radeln wir weiter am Seeufer entlang. Die **Alte Villa** (Seestraße) ist ein Restaurant in einem eleganten Landhaus direkt am See mit einem schönen Gastgarten.

*Weiter geht es am Ufer entlang Richtung Norden. Bald kommt der Campingplatz mit mehreren Stegen am Wasser, dann zieht der Weg schnurgerade weiter vorbei an der Kapelle Maria Schnee (**Wegepunkt ❹**) bis nach Schondorf.*

Das ehemalige Fischerdorf ist mit dem Tourismus und der wachsenden Nachfrage nach Wohnsitzen am See stark gewachsen. Vor allem lebt man hier auch verkehrsgünstig am nördlichen Ufer nahe der Autobahn und mit Bahnverbindung der Ammerseebahn Richtung Augsburg.

*Wir nähern uns langsam dem nördlichsten Punkt der Runde und biegen hinterm Strandhaus Ammersee rechts ab in die Echinger Bucht. Vor der Autobahn fahren wir rechts (**Wegepunkt ❺**) und erreichen mit Stegen den nördlichsten Punkt des Ammersees.*

In Stegen kommen wir an der Uferpromenade an zwei beliebten Ausflugslokalen vorbei: dem **Restaurant Fischer** und dem **Seehaus Schreyegg**, beide mit schönen großen Gastgärten mit Seeblick. Links etwas abseits vom Ufer lohnt bei der Alten Brauerei im **BlueSky Coffee** eine Kaffeepause.

Abendliche Mußestunden am Seeufer

*Weiter geht es dann an mehreren Bootshäusern vorbei, auf dem Radweg durch die Ortschaft Buch sowie entlang eines Campingplatzes. Bis Breitbrunn hält die Route etwas Abstand zum Seeufer. Wir fahren durch Breitbrunn, vorbei am bekannten Biohof Perger und weiter durch den Wald bis Lochschwab (**Wegepunkt ❻**). Von hier ist es nur noch ein Katzensprung bis Herrsching und bis zum Herrschinger Bahnhof, unserem Ausgangspunkt.*

In Herrsching gibt es noch genügend Möglichkeiten, sich am Strand zu entspannen oder in einem der vielen Lokale einzukehren. Schließlich rühmt sich der Ort, die längste durchgehend begehbare Uferpromenade zu haben. Dort warten viele Lokale und Strandbars und im Sommer finden zahlreiche Veranstaltungen statt. Oder man begibt sich noch in den Kurpark und setzt sich in den nostalgischen Rosenpavillon mit Blick auf den See als eher beschaulichen und romantischen Abschluss der Tour, bevor es wieder mit der S-Bahn oder mit dem Auto zurück nach Hause geht.

Am Westufer des Starnberger Sees

Tour 2

Länge 49 km

DER SEE DER OBEREN ZEHNTAUSEND

Das Rad ist das beste Verkehrsmittel, um den Starnberger See wirklich zu entdecken.

Elegant flanieren, sehen und gesehen werden, eintauchen in die exklusive Welt der Berühmten und Betuchten. Die Radrunde um den Starnberger See hat besondere Qualitäten. Die meiste Zeit ist man direkt am Seeufer unterwegs, auch wenn der Zugang zum Wasser nicht immer möglich ist. Aber dafür gibt es einige schöne Badestrände.

Was erwartet mich?

49 km, überwiegend auf Radwegen, die flach und abwechslungsreich sind. Bei Tutzing, in Seeshaupt und rund um Ambach kommen einige Abschnitte auf Straßen. Die stilgerechte Einkehr genießt man im Biergarten oder bei einem Fischer, der in seinem Garten entsprechende Spezialitäten anbietet.

Wie komm' ich hin?

ÖPNV:

Bahn bis Bahnhof Starnberg

Mit dem Auto:

Autobahn A95 bis Dreieck Starnberg, weiter auf A952 nach Percha, geradeaus B2

Was muss ich sehen?

1. **Schloss Possenhofen** mit Park (nur von außen)
2. **Roseninsel**, Feldafing
3. **Buchheim Museum**, Bernried
4. **Kloster Bernried**
5. **Votivkapelle**, Berg

Wo tank' ich auf?

Kiosk Steg 1, Ferdinand-von-Miller Straße, Possenhofen

Midgard Haus, Midgardstr.3-5, Tutzing

Buchscharner Seewirt, Buchscharn 1, Münsing

Zum Fischmeister, Seeuferstr.31, Münsing

Fischermichl, Pachmayrweg 2, Münsing

Fischerei Sebald, Nördl. Seestr.22, Münsing

Fischermeister Gastl, Assenbucher Str.41, Berg

TOURSTART

*Vom Bahnhof hält man sich westwärts, fährt auf der Possenhofener Straße neben der Bahn stadtauswärts vorbei an ersten exklusiven Villen mit privatem Seegrundstück. Nach rund 500 Metern wechselt der Radweg auf die andere Seite der Bahnlinie. Die Straße ändert ihren Namen in Ferdinand-von-Miller-Straße und zweigt kurz vor Possenhofen nach links durch das Badegebiet Paradies ab (**Wegepunkt ❶**).*

Besser kann der Bahnhof in Starnberg kaum liegen. Mitten in der Stadt und direkt am Seeufer. Man steigt aus und blickt auf den See und die Schiffe an der Anlegestelle. Da könnte man gleich zur Einstimmung etwas am Seeufer promenieren. Aber vom See sieht man unterwegs noch mehr als genug.

Die Stadt Starnberg ist der ideale Startort für die Umrundung des berühmten Sees vor den Toren von München. Dafür spricht vor allem die gute Erreichbarkeit sowohl mit der S-Bahn von München aus inklusive Radtransport. Man kann sich auch vor Ort bei privaten Verleihern oder bei der Tourist Information ein Bike leihen. Auch mit dem Auto ist man rasch in Starnberg über die Autobahn A94 und die Abzweigung Richtung Starnberg.

Raststation nahe Schloss Possenhofen

Possenhofen selbst ist eine Art Nobelvorort von Starnberg und bekannt vor allem für das [1] **Schloss** direkt am See, in dem einst Sissi alias Kaiserin Elisabeth als Tochter eines bayerischen Herzogs aufwuchs. Heute steht das Schloss zwar genauso feudal da, beherbergt aber private Luxuswohnungen und kann nicht besichtigt werden. Aber der Anblick mit dem parkähnlichen Grundstück ist für sich ja auch sehr herrschaftlich.

Weitere Informationen zu den Sehenswürdigkeiten in der Stadt finden Sie im **Ortsporträt Starnberg** (S. 30).

Der Radweg zieht hier weiter am Schloss vorbei durch die weitläufige Parkanlage, passiert einen Yachthafen und das Forsthaus am See, ein etabliertes und eher nobles Restaurant direkt am Ufer. Von Possenhofen sind es nur ein paar Kilometer bis Feldafing, dem ersten größeren Ort nach dem Start.

Das Zentrum liegt etwas abseits des Ufers. Viele Jahre wohnte hier Lothar Günther Buchheim, der

Das berühmte Schloss Possenhofen bei Starnberg

bekannte und bekannt eigenwillige Schriftsteller und Kunstsammler. Von ihm erleben wir später noch viel mehr. Die Schokoladenseite von Feldafing ist zweifellos der südliche Teil mit dem altehrwürdigen Hotel Kaiserin Elisabeth, wo die Monarchin einst ihre Heimaturlaube verbrachte. Direkt darunter auf der anderen Straßenseite breitet sich ein Golfplatz fast bis zum Seeufer aus. Unten wartet eine andere Kuriosität. Dort gibt es eine Anlegestelle, von der aus man mit einer Plätte, einem archaischen Holzboot, zur kleinen **Roseninsel** hinüber fahren kann.

Hier startet man mit dem Boot zur Roseninsel

Dazu fahren wir auf dem Radweg am Ufer entlang vorbei am Golfplatz direkt zum See und zur Anlegestelle.

Auf der **2 Insel** gibt es keine Bewohner, aber eine elegante Villa im pompeijanischen Stil. Als die Villa gebaut wurde, war sie absolut modern und luxuriös und hatte für damalige Verhältnisse revolutionäre Toiletten mit Wasserspülung. Früher trafen sich hier heimlich Sissi und Ludwig II. Heute wird die Villa samt der Insel für kulturelle Veranstaltungen genutzt.

Schloss Höhenried ist heute Teil einer Klinik

Danach durchquert der Radweg ein längeres Waldstück, passiert eine einsame Villa, die zum Besitz der Wittelsbacher gehört, dem einstigen bayerischen Königshaus. Am Ende des Parks erreicht man den kleinen Ort Garatshausen, der freilich ebenfalls recht exklusiv und voller Geschichten ist.

Einer der prominentesten Bewohner war der Schauspieler **Hans Albers**, den es von der Nordsee an den Starnberger See verschlagen hatte und der bis zu seinem Tod 1960 mit seiner Gattin hier am See wohnte. Viele Jahre wurde die Villa im Hans-Albers-Weg, die im Besitz des Freistaats Bayerns ist, kaum gepflegt. Ein paar Meter entfernt residierte Ernst Henne, einst bekannter Rennfahrer und erfolgreicher Autohändler.

*Wir fahren nun auf schmalen Straßen durch das Wohngebiet und kommen vorbei am Midgardhaus - Augustiner am See, einer überaus verlockenden Einkehr direkt am Ufer. Zu der eleganten Villa mit Restaurant gehört auch ein typisch bayerischer Biergarten. Wir sind nun bereits in Tutzing, einem der größeren Orte am See nach Starnberg. Nach der Schiffsanlegestelle (**Wegepunkt ❷**) geht es weiter ins Zentrum, wo der Radweg ein Stück entlang der Hauptstraße verläuft. Unten am See gibt es in Tutzing keine direkte Durchfahrt. Etwas*

weiter im Süden bei der Tankstelle können wir wieder links abbiegen und auf dem Radweg vorbei an der eleganten Kustermann Villa zum Ufer gelangen.

Diese **Villa** ließ sich vor 150 Jahren der Eisenhändler Max Kustermann aus München bauen. Damals war es für wohlhabende Münchner Unternehmer en vogue, sich einen stattlichen Zweitwohnsitz am Starnberger See zu leisten. Das erklärt auch den ungewöhnlich großen Bestand an historischen Villen und Schlössern rund um den See.

Auf dem Radweg bei Tutzing

*Wir fahren danach bei Unterzeismering wieder ein kurzes Stück auf der Landstraße (**Wegepunkt ❸**) und nähern uns dann dem Gelände der Klinik Höhenried mit dem stattlichen Schloss Höhenried.*

Und da wartet schon die nächste illustre Unternehmergeschichte. In direkter Nachbarschaft zum **Schloss** steht ein anderes prominentes Gebäude, das aber ausnahmsweise nicht historisch, sondern ausgesprochen modern ist. 2001 ließ Lothar Günther Buchheim hier sein ganz persönliches **3 Museum** mit seiner umfangreichen Kunstsammlung bauen, nachdem er in seinem Heimatort Feldafing mit den Verantwortlichen nicht einig geworden war. Die Lage des Museums ist schon sehr exklusiv direkt am See und umgeben von sanft abfallenden Wiesen, auf denen einige sehr avantgardistische Kunstobjekte platziert sind.

Nur ein paar Minuten radelt man weiter bis zum **4 Kloster Bernried***, das links von der Straße direkt am See steht. Der Radweg führt hier direkt zum See an den Klostermauern vorbei und zieht weiter nach Süden über die Wiesen durch ein recht ruhiges und romantisches Gelände mit einigen einsamen Villen und immer wieder*

Reisemobilstellplätze an oder nahe der Route

Campingplatz Ambach, Am Schwaiblbach 3, Münsing
Beim Fischer, Buchscharnstr.10, Münsing
Camping Seeshaupt, St.-Heinricher-Straße 127, Seeshaupt

E-Bike Ladestationen an oder nahe der Route

Parkplatz, Maximilianstr.2, Starnberg
Rathaus, Weilheimer Str.3, Pöcking
Haus der Bürger und Vereine, Weilheimer Str. 33a, Pöcking
Schloss Tutzing, Schloßstr.1, Tutzing
Sportplatz, Hartlweg 14, Münsing

*schönem Seeblick. Kurz danach kommt man vorbei an einem weitläufigen Park, in dessen Mitte ein sehr feudales Anwesen steht. Schloss Seeseiten ist selbst für Starnberger Verhältnisse ungewöhnlich, gehört heute der Münchner Bankiersfamilie Finck. Fast haben wir die Südspitze des Sees erreicht und damit die Halbzeit der Runde. Eine ruhige Nebenstraße (**Wegepunkt ❹**) führt an schönen Landhäusern vorbei in den Ort Seeshaupt. Bei der Alten Post macht die Route einen kurzen Knick, verläuft weiter am See entlang. Am Ende von Seeshaupt sehen wir links den hiesigen Yachtclub und ein neues modernes Hotel namens Starnberger Hideaway. Nun geht es weiter am Ostufer Richtung Norden. Anfangs ist die Fahrt recht naturnah, quert einige Waldpassagen, führt vorbei an schönen kleinen Badestränden Richtung Ambach.*

Der **Buchscharner Seewirt** direkt am Radweg ist ein klassisch bayerisches Gasthaus mit schönem Biergarten. Das Gasthaus hat eine 300 Jahre lange Historie und war ursprünglich in Tirol beheimatet, bevor es an den Starnberger See verpflanzt worden ist.

*Kurz danach mündet der Radweg in die Ambacher Seestraße (**Wegepunkt ❺**), die nur für Anlieger mit Autos befahrbar ist und die selbst eine Berühmtheit ist, weil sich hier etliche Promis angesiedelt hatten.*

Auffällig ist die **Villa** mit dem kunstvoll verschnörkelten Tor, wo einst der Schriftsteller Waldemar Bonsels, der Autor von „Biene Maja" residierte. Eine Institution ist das Gasthaus Zum Fischmeister direkt bei der Schiffsanlegestelle. In dem traditionsreichen Gasthaus verkehren wichtige und ganz normale Menschen. Das Lokal gehört der Familie des bekannten Schauspielers Josef Bierbichler.

Unsere Tour führt weiter immer am Seeufer entlang über Ammerland und Leoni.

Auf der weiteren Fahrt nach Norden gibt es viel zu sehen, es steht eine Villa neben der anderen und man passiert einige Schlösser. Da ist zum Beispiel das **Schloss Ammerland**, das von der Straße aus nur mühsam zu erkennen ist und das einem Münchner Finanzunternehmen gehört. Oder wenig später die recht düster wirkende Burg und das Schloss Georgianum, die beide dem Missionswerk „Wort des Lebens" gehören. Reizvoll ist auf diesem Weg auch, dass man immer wieder an typischen **Gastgärten der Fischereibetriebe** vorbei kommt, wo man sich wie zum Beispiel bei der Fischhalle, beim Sebald oder später beim Gastl mit Fischsemmeln oder Kaffee und Kuchen stärken kann.

*Nach dem Seehotel Leoni geht es ein Stück weiter geradeaus, bis man links in den Parkweg einbiegt (**Wegepunkt ❻**). Der Weg wechselt nun in ein Waldstück, wo es für eine weitere Sehenswürdigkeit gleich links etwas bergab zum Seeufer und dann weiter durch Berg Richtung Norden geht.*

Rechts thront die mächtige **5 Votivkapelle**, die in Gedenken an den Tod von König Ludwig II. 1896 errichtet wurde. Gestorben ist der König hier im See ja schon zehn Jahre früher. Gerüchte, er sei ermordet worden, gab es immer wieder. Von seiner Mutter stammte die Totenleuchte. Und draußen im Wasser erinnert noch ein Kreuz an die Stelle, wo er angeblich sein Leben ließ. Allerdings heißt es auch, dass dies tatsächlich einige Meter entfernt gewesen sein soll.

Die Votivkapelle erinnert an den Tod Ludwigs II.

Unser Weg führt hinauf zum fast 400 Jahre alten **Schloss Berg**. Einst war es die Sommerresidenz von Ludwig II und für seine Verhältnisse ein recht schlichtes Bauwerk. Es ist auch heute noch im Besitz der Wittelsbacher und kann nicht besichtigt werden.

*Vorbei an der Schiffsanlegestelle von Berg geht die Reise weiter bis zur Ortschaft Kempfenhausen, die schon fast wie ein Vorort von Starnberg wirkt. Rechts sieht man die Marianne Strauß Klinik. Nach dem Badestrand in Percha (**Wegepunkt ❼**) erreichen wir den Stadtrand von Starnberg, fahren links Richtung Zentrum und hinter den Bahnschienen links bis zum Bahnhof direkt am See.*

Dass der Bahnhof und die Fußgängerzone so nah beieinander liegen, ist recht praktisch, wenn man noch ein wenig bummeln oder einkehren will. Angebote gibt es hier mehr als genug.

STARNBERG

Starnberg ist erste Anlaufstelle, größter Ort und ganz offiziell die Kreisstadt am Starnberger See. Und vor allem für Radfahrer ein idealer Ausgangspunkt für Touren, auch weil man die Stadt von München aus bequem mit öffentlichen Verkehrsmitteln erreichen und sich Verkehrschaos ersparen kann. Eine noble Adresse, die man am besten mit dem Rad erkunden kann.

Wenige Orte in Oberbayern stehen so sehr für die gehobene Lebensart und für Wohlstand. Tatsächlich gehörte Starnberg immer wieder zu den Kommunen mit dem höchsten Pro-Kopf-Einkommen. Zuletzt waren es je Bürger über 38.000 Euro, wobei das für den ganzen Landkreis gilt. Für wohlhabende Münchner hatte der Starnberger See immer schon eine besondere Faszination. Nur wenige Kilometer außerhalb der Stadt, mitten im Grünen und am See. Das war schon zu Beginn des 19. Jahrhunderts so, als die ersten Villen rund um Starnberg als Sommersitz für zahlungskräftige Menschen aus der Stadt gebaut wurden. Einer von ihnen war der Baurat Johann Ulrich Himbsel, der sich einen Sommersitz in Leoni bauen ließ und der dann als Gründer der **Dampfschifffahrt** auf dem See noch zu Ruhm kommen sollte. Das erste Schiff auf dem See wurde jedoch erst um 1850 vom Stapel gelassen. Es war der Salondampfer Maximilian, der rund 300 Passagiere transportieren konnte. Das war für die Münchner natürlich sehr verlockend. Die Leute kamen mit Kutschen und fuhren durch den Forstenrieder Park nach Starnberg, um die Sommerfrische am See zu genießen. Himbsel erkannte auch, dass es für eine Eisenbahn ein großes Potenzial gab und begann die Bahnlinie München Starnberg auf eigene Kosten zu realisieren. 1854 wurde die Bahnlinie in Betrieb genommen.

Nicht ganz unbedeutend war wohl auch, dass es schon seit Jahrhunderten das **Schloss Starnberg** gab, dass ab dem 14. Jahrhundert ein Besitz der Wittelsbacher war und als Sommerresidenz genutzt wurde. Ab

Blick auf Starnberg

1803, dem Jahr des Säkularisation wurde das Schloss, das mehrfach umgebaut wurde und zwischendrin auch abgebrannt war, als Verwaltungssitz genutzt. Dass es heute keine große Berühmtheit hat, liegt wohl hauptsächlich daran, dass es Sitz des hiesigen Finanzamts ist. Und wenn wir gerade bei verborgenen Schlössern sind. **Schloss Leutstetten** wenige Kilometer nördlich im Würmtal ist auch eine unbekannte Schönheit, gehört zum Besitz der Wittelsbacher und ist öffentlich zugänglich. Das gelbe Renaissanceschloss versteckt sich auch hinter hohen Hecken. Wesentlich leichter zugänglich ist der Biergarten schräg gegenüber. Dorthin kommt man auf einem schönen Radweg von Starnberg über Percha, wobei man auch die **Villa Rustica**, die Überreste einer Römischen Villa, besichtigen kann. Die Würm ist übrigens der einzige Abfluss des Starnberger Sees und fliesst am Ostrand von Starnberg ab. Und bis vor 60 Jahren hieß der See auch noch Würmsee, woran sich heute außer Einheimischen kaum jemand mehr erinnert.

Heute ist Starnberg mit rund 23.000 Einwohnern der größte Ort und zugleich Kreisstadt und profitiert von der exzellenten Verkehrsanbindung mit Bahn, S-Bahn und Autobahn. Für Besucher stellt sich der gesamte Bereich des Nordufers mit den Nachbarorten Percha und Berg im Osten und Possenhofen im Westen wie ein geschlossener urbaner Gürtel dar. Wobei es heute genauso oder wahrscheinlich noch mehr so ist, dass die Adressen direkt am See die begehrtesten und teuersten sind. Für den Besucher, der mit öffentlichen Verkehrsmitteln kommt, ist Starnberg ein sehr praktisches Ziel. Der Bahnhof befindet sich nicht nur sehr zentral und nur wenige Meter von der Fußgängerzone entfernt. Es sind durch eine Unterführung auch nur ein paar Schritte zur Seepromenade und zur Anlegestelle der Seeschifffahrt.

Auch für Leute, die mit dem Auto oder per Bahn anreisen, ist es eine kluge Idee, sich ein Rad zu leihen und einen Ausflug entlang des Ufers nach Westen oder Osten zu machen. Man kommt am besten an die schönsten Stellen, entdeckt verborgene Schönheiten und muss keine Parkplätze suchen.

Orts-porträt

Starnberg ist der Hauptort am See

Kirche und Fußgängerzone im Starnberger Zentrum

Idyllische Radwege im Würmtal

Tour 3

Länge 25 km

DAS ROMANTISCHE WÜRMTAL

Mitten in der Großstadt und doch im Grünen. Eine ungewöhnliche Radtour von München nach Starnberg

Raus aus der Stadt und schnell zum See. Der Ausflug von München an den Starnberger See ist eine ziemlich weit verbreitete Freizeitaktivität. Die romantischste und wahrscheinlich auch gesündeste Art ist es, das mit dem Rad zu tun. Vor allem wenn man sich den Ausflug durch das Würmtal gönnt.

Was erwartet mich?

25 km, anfangs kurvenreich entlang der Würm, teils auf ruhigen Nebenstraßen, teils auf einem Radweg durch Wald und über Wiesen, mit einer Etappe auf Straßen. Bis Leutstetten leicht bergauf, danach tendenziell bergab.

Wie komm' ich hin?

ÖPNV:

Mit der Bahn oder S-Bahn zum Pasinger Bahnhof. Der Bahnhof ist barrierefrei und nur 400 m vom Einstieg in den Radweg entfernt.

Mit dem Auto:

über den Mittleren Ring und/oder die Autobahn A 96 München-Lindau, Parken kann man in der Parkgarage Pasinger Marienplatz, Einfahrt Institutstraße

Was muss ich sehen?

1. **Pasinger Stadtpark**
2. **Villa Rustica**, südlich von Leutstetten, Starnberg
3. **Badegelände Percha**, Schiffbauerweg 20, Starnberg
4. **Seepromenade Starnberg**, beim Bahnhofsplatz, Starnberg

Wo tank' ich auf?

Bräustüberl, Bräuhausstr. 6, Planegg

Forsthaus Kasten, zwischen Neuried und Gauting

Schlossgaststätte Leutstetten, Altostr.11, Starnberg

TOURSTART

*Als Startort für diese Tour ist der Pasinger Bahnhof ideal. Er ist bequem erreichbar und man hat nur wenige hundert Meter zum Einstieg in den Radweg entlang der Würm. Autofahrer die in der Parkgarage parken (**Wegepunkt ❶**), radeln von der Institutstraße über die Würm und biegen rechts ab auf den Radweg.*

Es beginnt mit dem Wegweiser „Zum Wasserschloss", was auf ein ehemaliges **Wasserschloss** nahe der Würm hinweist. Eindrucksvoll ist vor allem, dass man eben noch im Verkehrsgewühl war und nun inmitten der Natur – **1 Pasinger Stadtpark** – ist. Rechts und links der Würm, die sich durch die Landschaft schlängelt, ist der Uferbereich dicht bewachsen.

Der teils etwas schmale und zunächst asphaltierte Radweg folgt der Würm auf der linken Uferseite ebenfalls mit vielen Kurven. Das sorgt für Abwechslung mit einigen sonnigen Wiesenpassagen. Aufpassen muss man hier vor allem auf Fußgänger und dabei speziell auf Hundebesitzer, die ihre Tiere meist frei laufen lassen.

Die **Würm** ist ein sehr regionales Gewässer. Der knapp 40 Kilometer lange Fluss ist der einzige Abfluss des Starnberger Sees, der ja bis vor 60 Jahren noch Würmsee hieß. Die Würm zieht es recht direkt nach Norden hinein nach München und weiter bis Dachau, wo sie in die Amper fließt.

Weitere Informationen zu den Sehenswürdigkeiten in der Stadt finden Sie im **Ortsporträt München** (S. 38).

Die Würm

Der Radweg schlängelt sich durch den Uferbereich entlang der Würm, wechselt bald auf die rechte Uferseite und überquert die Autobahn Richtung Lindau. Danach geht es ein Stück durch ein ruhiges und recht gediegenes Wohngebiet.

Wir sind jetzt in Gräfelfing, und das gehört zu den besseren Vororten von München. Kurz nach der Kirche St. Johannes der Täufer sieht man links ein historisches Wasserrad, daneben eine Kneippanlage der Gemeinde Gräfelfing.

Kurz hinter Gräfelfing wird der Radweg etwas holprig - man kann aber auf die Straße nebenan wechseln – und wir durchfahren Planegg.

Noch ist der Biergarten leer im Forsthaus Kasten

Hier begegnen wir einem ungewöhnlichen freistehenden, blauweiß gestreiften Kirchturm. Der gehört zur katholischen **St. Elisabeth Kirche**, die in den siebziger Jahren hier erbaut wurde. Schräg gegenüber befindet sich das **Bräustüberl**, ein typisch bayerisches Wirtshaus mit Biergarten.

Kurz danach sieht man den Zwiebelturm von **Schloss Planegg**. Der Bau stammt aus dem 15. Jahrhundert und ist in Privatbesitz. Dazu gehörte früher auch eine Brauerei, in der heute eine Außenstelle der Ludwig Maximilian Universität ist.

*Wir kommen schließlich nach Krailling, fahren an der Hauptstraße an den Werksgebäuden des Autozulieferers Webasto vorbei. Nun verlassen wir die Würm, biegen links ab in die Forstkastenstraße, queren das Wohngebiet und tauchen ein in den Wald (**Wegepunkt** ❷). Nach einem guten Kilometer Waldweg erreichen wir eine Lichtung und erkennen mittendrin das Forstgut Kasten.*

Das einsam gelegene **Forsthaus** ist ein ausgewachsener Gutshof mit einer langen Geschichte. Im Mittelalter gehörte es zum Heilig Geist Spital in München

Reisemobilstellplätze an oder nahe der Route

Campingplatz Thalkirchen, Zentralländerstr. 49, München

Campingplatz Obermenzing, Lochhausener Str. 9, München

Stellplatz Allianz Arena, Werner-Heisenberg-Allee 25, München

Wohnmobilstellplatz Andechs, Seefeldstr. 21, Andechs

Stellpatz Stop&Go, Badstr. 2, Wolfratshausen

E-Bike Ladestationen an oder nahe der Route

Pasing Arcaden, beim Bahnhof, München

Rathaus Gauting, Bahnhofstr.7, Gauting

und wuchs über die Jahrhunderte auf eine Gesamtfläche von 800 Hektar. Ein Gasthaus wurde es vor rund 120 Jahren und bietet heute ein Restaurant mit einem großzügigen Biergarten. Eine echte Idylle im Grünen und sehr beliebt bei Radlern. Der Name rührt übrigens von einem einstigen Römerkastell her, das dort wohl gestanden haben muss.

*Vom Forsthaus führt der Radweg weiter nach Süden, verläuft nach rechts (**Wegepunkt ❸**) ein Stück entlang einer Straße und biegt dann links auf eine Nebenstraße ab, die uns zu mehreren Gärtnereien bringt und danach in den kleinen Ort Buchendorf.*

An der Hauptstraße gibt es mit dem **Landgasthof Haller** ein bodenständiges Wirtshaus. Nach einer Kreuzung sieht man links ein ungewöhnliches Gebäude. Es handelt sich um das Russisch Orthodoxe **Kloster der Hl. Elisabeth**, einem erst vor rund 20 Jahren gegründeten Nonnenkloster, in dem auch Pilger logieren können.

*Wir sind jetzt auf dem Leutstettener Weg, verlassen Buchendorf, kommen bald wieder in den Wald, wo der Radweg sich gabelt (**Wegepunkt ❹**), wir uns links halten und mit Rechts-Abbiegen nach Leutstetten gelangen.*

Dort steht das **Schloss Leutstetten**, ein gelber Renaissancebau der Wittelsbacher, der aber von der Straße aus kaum zu sehen und auch nicht zu besichtigen ist. Besitzer ist Luitpold Prinz zu Bayern, dem unter anderem auch die König Ludwig Schlossbrauerei Kaltenberg und die Porzellanmanufaktur Nymphenburg gehören. Viel besser zugänglich ist direkt gegenüber der beliebte **Biergarten** der Schlossgaststätte.

Die gläserne Villa Rustica

Der letzte Abschnitt der Tour beginnt nun schräg gegenüber vom Biergarten am Schlosspark vorbei Richtung Süden. Elegante Landhäuser säumen den Weg, der bald über Wiesen und am Waldrand entlang bis zur **2 Villa Rustica** *verläuft.*

Der Leutstettener Biergarten ist eine Institution

Der **gläserne Bau** umfasst Ausgrabungen eines römischen Gutshofes, der 134 n.Chr. erbaut worden sein soll. Informationen dazu befinden sich auch auf der transparenten Verkleidung des Baus.

Gut einen Kilometer radelt man noch südwärts bis zu den ersten Siedlungen am Rand von Percha, einem Vorort von Starnberg. Auf der Südseite der Hauptstraße, der Münchner Straße, kommt man auf einem Radweg zu einer Bahnunterführung und weiter Richtung Zentrum und zum Starnberger Bahnhof, der idealerweise direkt am See bei der 4 ***Seeromenade*** *liegt.*

Zum Abschluss des Ausflugs könnte man der Würm einen letzten Besuch abstatten. Der Abfluss liegt etwas östlich von Starnberg beim Vorort Percha. Direkt nebenan befindet sich auch das 3 **Strandbad** in Percha, das man für ein erfrischendes Bad im Starnberger See nutzen kann.

Weitere Informationen zu den Sehenswürdigkeiten in der Stadt finden Sie im **Ortsporträt Starnberg** (S. 30).

Es gibt kaum eine Großstadt in Deutschland, die so sehr von Klischees umgeben ist wie München. Weltstadt mit Herz wurde sie schon genannt, auch Millionendorf angesichts der sehr bayerischen Provenienz, auch die nördlichste Stadt Italiens wegen der guten Präsenz der italienischen Gastronomie und der Nähe zum Süden. Tatsache ist jedenfalls, dass München mit rund 1,5 Millionen Einwohnern die drittgrößte Stadt Deutschlands ist und ganz offiziell auch die bayerische Landeshauptstadt. Tatsache ist auch, dass München eine Stadt mit hohem Freizeitwert, aber auch mit relativ hohen Lebenshaltungskosten ist, was vor allem an dem exklusiven Preisniveau der Immobilien liegt. Und da kommen wir wieder zu einem Punkt, der sich wie ein roter Faden durchzieht. München ist eine sehr begehrte Metropole.

München ist auch eine Stadt für Radfahrer. Das liegt nicht nur an dem Isarradweg, der entlang des Flusses in Nord-Süd-Richtung quer durch die Stadt führt. Das hat auch damit zu tun, dass immer mehr Menschen in der Stadt das Auto meiden und sich aufs Rad setzen, weil man damit schneller durch den Verkehr kommt und keine Parkplätze suchen muss, die auch noch teuer bezahlt werden müssen.

Noch etwas zur Geschichte von München. Sie geht zurück bis auf das Jahr 1158, das Jahr, in dem die erste urkundliche Erwähnung festgestellt wurde. Bereits 1506 wurde München die alleinige **Hauptstadt Bayerns**, was sie auch heute noch ist und dazu Sitz des bayerischen Landtags, der bayerischen Staatsregierung und zahlreicher wichtiger zentraler Behörden und Einrichtungen wie Universitäten und Institute. Ein historisch bedeutsames Datum ist natürlich auch das Jahr 1972, in dem in München die Olympischen Sommerspiele stattfanden.

München liegt auf einer Höhe zwischen 500 und 600 Metern je nach Standort und Stadtteil. Der höchste Punkt ist im Süden in Solln und beträgt knapp 600 Meter Höhe. Was die Stadtteile angeht, lässt sich sagen, dass grundsätzlich die Viertel im Süden gefragter und exklusiver und damit auch deutlich teurer sind als etwa die Stadtteile im

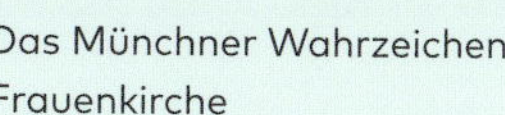

Das Münchner Wahrzeichen Frauenkirche

Norden, die sehr von Industrie geprägt sind. München hat, was wenig überrascht, relativ viele Nobelviertel. Dazu zählen im Süden die Viertel Harlaching, Solln und der benachbarte Vorort Grünwald. Gefragt sind im Zentrum die Viertel Bogenhausen, Haidhausen und das Glockenbachviertel sowie Teile von Schwabing. Letzteres hat seinen Ruf als sehr junges und lebendiges Viertel in den sechziger und siebziger Jahren bekommen, was auch viel zu dem Image von München als lebenslustige Stadt beigetragen hat.

Der Englischer Garten

München ist auch eine sehr grüne Stadt. Es gibt zahlreiche Grünflächen, Parks und Schutzgebiete. Der bekannteste davon ist der **Englische Garten**, der sehr zentral am Westufer der Isar liegt und 375 Hektar groß ist. Er ist ein Erholungsgebiet und Anziehungspunkt für Einheimische genauso wie für Touristen. Populär sind auch der **Nymphenburger Park** rund um das Schloss, der Hirschgarten und die Grünflächen entlang der Isar im südlichen Stadtbereich mit dem **Flaucher**. Rund um die Stadt gibt es auch noch weitere ausgiebige Wälder wie den **Perlacher** und den **Grünwalder Forst**, den Forstenrieder Park im Süden sowie den Ebersberger Forst und den Höhenkirchner Forst im Osten. Dazu passt, dass es rund um München zahlreiche **Seen** gibt. Dazu gehören der Heimstettener See, Feringasee, Fedlmochinger See, Mückensee, Riemer See, Langwieder See und Karlsfelder See. Mit etwas

Das Olympiastadion in München

Auch ein Wahrzeichen: der BMW Vierzylinder

Abstand sind da noch die deutlich größeren Ammersee und Starnberger See im Süden.

Zwei der drei Radtouren in diesem Führer, die in München starten, beziehen sich auf eine sehr zentrale Stelle direkt an der Isar. Dort findet man auch in nächster Nachbarschaft einige der bedeutendsten Sehenswürdigkeiten der Stadt. Wenn man also von der Isarbrücke unterhalb des Rosenheimer Platzes einige Schritte über die Ludwigsbrücke zur **Museumsinsel** geht, steht man direkt am Eingang zum **Deutschen Museum**. Es gilt als das größte technisch-naturwissenschaftliche Museum weltweit und hat auch noch Außenstellen mit der Flugwerft Schleißheim und dem Verkehrsmuseum auf der Theresienwiese. In entgegengesetzter Richtung geht man nur ein paar Meter und am Ende etwas bergauf zum **Kulturzentrum Gasteig** mit einem opulenten Konzertsaal. Dazwischen versteckt sich das **Mueller'sche Volksbad**, ein historisches Bad mit einem Interieur im klassischen Jugendstil und eine echte Münchner Institution. Doch zurück zu den Museen. München ist bekannt dafür, international renommierte Galerien zu haben. Dazu zählen die Alte Pinakothek, die Neue Pinakothek, die Pinakothek der Moderne, das Lenbachhaus sowie die Glyptothek, die Staatliche Antikensammlungen und das Museum Brandhorst. Das Haus der Kunst in der Prinzregentenstraße, das bayerische Nationalmuseum, die Schackgalerie, die Galerie der Künstler und die Kunsthalle der Hypo Kulturstiftung in der Theatinerstraße sind weitere hochrangige Adressen in Sachen bildender Kunst.

Zu den herausragenden Sehenswürdigkeiten der Stadt gehören vor allem auch der **Olympiapark** mit dem Olympiastadion im Norden direkt am Mittleren Ring. Nicht weit entfernt steht die **BMW Welt**, die moderne Erlebniswelt des weißblauen Automobilherstellers, dessen Hauptverwaltung direkt gegenüber steht – der ebenso berühmte wie markante Vierzylinder, wie das hohe und aus vier Säulen bestehende Bauwerk im Volksmund heißt. Und wenn wir schon bei den modernen Bauwerken sind, dann gehen wir noch ein Stück weiter nördlich bis zum Stadtteil Freimann direkt an der Autobahn A9 Richtung Nürnberg. Dort sieht man von weitem den riesigen runden Bau der **Allianz Arena**, Stadion des FC Bayern München, das nachts sehr markant bunt beleuchtet ist.

Doch kommen wir wieder zurück zu unserem Ausgangspunkt direkt an der Isar. Man könnte von dort mit

dem Rad oder auch zu Fuß einen Spaziergang durch das Zentrum machen. Dazu wechselt man auf das Westufer der Isar und geht entweder direkt zum Isartor oder mit einem kleinen Schlenker rechts ein Stück an der Isar entlang durch das ebenso nostalgische wie elegante Viertel Lehel, übrigens eine der teuersten Wohnadressen in ganz München. Von Isartor geht man weiter geradeaus durch das Tal Richtung **Marienplatz**, dem zentralen Hauptplatz in München. Bevor man den Marienplatz betritt, streift man das Alte Rathaus und das Spielzeugmuseum. Das **Neue Rathaus** rechts wurde am Anfang des 20. Jahrhunderts im Stil der Neugotik erbaut. Heute ist es vor allem bekannt für den Aussichtsturm mit dem Glockenspiel, das jeden Tag um 11 und um 12 Uhr aufgeführt wird und für viele Touristen eine Attraktion ist. Am Marienplatz beginnt auch die Fußgängerzone mit der zentralen Kaufingerstraße, die direkt weiter nach Westen führt bis zum Sendlinger Tor vorbei an der **Frauenkirche**, dem traditionellen Wahrzeichen der Stadt. Man könnte auch vom Marienplatz rechts über die Sparkassenstraße Richtung Platzl zum ebenfalls berühmten Hofbräuhaus und dort weiter bis zur glamourösen Maximilianstraße spazieren, dann links in die Maximilianstraße stadteinwärts bis zum Max-Joseph-Platz mit der ***bayerischen Staatsoper***, dann einen kurzen Schlenker zum Odeonsplatz und über die ebenfalls elegante Theatinerstraße zurück zum Marienplatz gehen. Unterwegs kommt man noch bei den **Fünf Höfen** vorbei, einem sehr edel aufgemachten Einkaufszentrum, in dem auch die Kunsthalle München untergebracht ist. Wenn man vom Marienplatz nach Süden läuft, sind es nur wenige Meter bis zum **Viktualienmarkt**, einer anderen Berühmtheit der Stadt. Dieser traditionsreiche Markt ist eine Institution mit seinen verschiedenen kleinen Läden und Lokalen und bietet ein sehr vielseitiges Sortiment mit vielen, allerdings auch teuren Spezialitäten. Dort könnte man dann noch ein paar Meter weiter flanieren, ins schicke und kreative Gärtnerplatzviertel mit dem Gärtnerplatztheater als sehenswerten Mittelpunkt. Wer mit dem Rad unterwegs ist, der kommt relativ flott über die Klenzestraße und Rumfordstraße wieder zur Isar und zum Radweg, um sich noch eine Ruhepause auf der **Prater Insel** einige hundert Meter weiter nördlich zu gönnen. Dort gibt es neben dem **Alpinen Museum** auch einen schönen Biergarten namens Prater Strand. Eine echte Ruheinsel mitten im Trubel der Großstadt.

Am Isarufer mitten in München

Die Wieskirche ist die Sehenswürdigkeit im Pfaffenwinkel

Tour 4

Länge 47 km

ROMANTISCH DURCH DEN PFAFFENWINKEL

Nicht nur für fromme Menschen ist die Rundtour ein Erlebnis durch eine kulturell ungewöhnlich reichhaltige Gegend

Es ist schon ein ungewöhnlicher Name für das südöstliche Alpenvorland in Oberbayern. Rund um Schongau und Weilheim gab und gibt es außerordentlich viele Klöster und bedeutende Kirchen, die auch heute besondere Sehenswürdigkeiten sind. Die sanft hügelige Topographie schafft auch viel Abwechslung beim Radeln. Eine 47 Kilometer lange Runde mit etlichen Bergauf- und Bergabpassagen und idyllischen kleinen Dörfern.

Was erwartet mich?

47 km, eine Rundtour in abwechslungsreichem Terrain mit vielen kleinen Bergauf- und Bergabpassagen, insgesamt rund 500 Höhenmeter, größtenteils auf asphaltierten Nebenstraßen und auf Radwegen überwiegend mit Schotter. An Wochenenden muss man rund um die Wieskirche mit etwas mehr Verkehr rechnen.

Wie komm' ich hin?

ÖPNV:

Mit der Bahn von München aus gibt es verschiedene Verbindungen über Weilheim bzw. Tutzing. Aber immer mit Umsteigen. Der Bahnhof in Schongau ist vor kurzem barrierefrei umgebaut worden.

Mit dem Auto:

Autobahn A96 bis Landsberg, weiter auf B17 bis Schongau, Parkmöglichkeiten im Zentrum im Parkhaus Altstadt in der Amtsgerichtsstraße.

Was muss ich sehen?

1 **Altstadt Schongau**
2 **Villa Rustica**, Peiting
3 **Welfenmünster**, Steingaden
4 **Wieskirche**, Steingaden
5 **Pfarrkirche**, Rottenbuch

Wo tank' ich auf?

Bäckerei Schuster, Marktplatz 3, Steingaden
Gasthaus Kirchberger, Kirchbergstr.43, Wildsteig
Schönegger Käsealm, Schönegg 6, Rottenbuch
Bäckerei Sesar, Bahnhofstr.21, Peiting

Kartentipp: **ADFC Regionalkarte Bayerische Seen**

TOURSTART

Wir starten vom Parkhaus über den Marienplatz nach Süden und dann links in den Lechberg hinunter zum Westufer des Lech. Vom Bahnhof folgen wir links der Bahnhofstraße und treffen am Ende auf den Fluss.

Die Rundfahrt beginnt in Schongau. Die 1 **Altstadt** ist ein idealer Einstieg, da wir es ja mit einer betont romantischen Tour auf dem Radweg der Romantischen Straße zu tun haben. Zur Einstimmung vielleicht noch ein kleiner Bummel, ein Kaffee – dann kann es los gehen.

*Am Fluss fahren wir rechts entlang der Lechuferstraße flussaufwärts etwa zwei Kilometer in einem weiten Linksbogen bis zur Staustufe und wechseln dann auf die östliche Uferseite (**Wegepunkt** ❶). Gut zwei Kilometer radelt man dann durch den Wald, bis man an der nächsten Querstraße die Bundesstraße direkt vor sich sieht.*

Hier bietet sich ein kurzer Abstecher links zur 2 **Villa Rustica** an, die direkt an der Bundesstraße steht. Hier stand einst ein recht großzügiger römischer Gutshof, der zwischen dem zweiten und vierten Jahrhundert erbaut worden sein dürfte. Es gibt dazu viele Relikte, Informationen und einen Heilkräutergarten.

Unsere Route führt nun auf dem Radfernweg „Romantische Straße" weiter nach rechts Richtung Süden, immer wieder ein wenig bergauf und bergab über die Wiesen von Dorf zu Dorf. Nach weiteren 12 Kilometern erreicht man Steingaden.

Tipp: An der nächsten Kreuzung (**Wegepunkt** ❷) hinter Riesen nach links, können wir eine kleine Pause am Deutensee einlegen, einem kleinen Moorsee mit Gaststätte und Terrasse.

Beim Klostergarten in Steingaden

Steingaden ist unsere nächste Station. Es ist zwar nur ein kleiner Ort mit knapp 3.000 Einwohnern, dafür aber kulturell sehr bedeutend. Das unterstreicht einmal die ehemalige Klosterkirche, das 3 **Welfenmünster**, das Teil eines Prämonstratenserklosters war, das 1803 aufgelöst wurde. Die mächtige Kirche mit den beiden Türmen stammt im Ursprung aus dem 12. Jahrhundert, erfuhr aber einige Zerstörungen und Wiederaufbauten. Bei der Säkularisation überlebte es im Gegensatz zu

Tour 4

den anderen Klostergebäuden und wurde zur Pfarrkirche. Mehr über die Geschichte des Ortes und des Klosters erfährt man im Klostermuseum im alten Pfarrhof. Direkt neben der Kirche ist die Bäckerei Schuster, wo man sich mit Kaffee, Kuchen und Imbissen stärken kann.

Das über 400 Jahre alte Maxtor in Schongau

Von Steingaden folgen wir weiter der „Romantischen Straße" ostwärts auf ruhigen Nebenstraßen über die Moorlandschaft auf gut vier Kilometern zu einer weiteren Berühmtheit.

Auf einer Lichtung thront die berühmte 4 **Wieskirche**. Offiziell heißt sie „Wallfahrtskirche zum Gegeißelten Heiland auf der Wies" und gilt als eine der bedeutendsten Wallfahrtskirchen weltweit. Entsprechend ist auch der Besuch von Pilgern und Gläubigen. Erbaut wurde sie Mitte des 18. Jahrhunderts von den berühmten Baumeistern, den Brüdern Johann Baptist und Dominikus Zimmermann. Es wurde damals an nichts gespart. Opulente Kunstwerke, Fresken und Stuckarbeiten mit reichlich Gold zieren das Innenleben. Ebenso prachtvoll ist auch die Orgel mit 42 Registern auf drei Manualen und rund 500 Pfeifen. Seit 1983 ist die Wieskirche Teil des UNESCO Weltkulturerbes.

In der Wieskirche

Reisemobilstellplätze an oder nahe der Route

Wohnmobilstellplatz Schongau, Lechuferstraße, Schongau

Wohnmobilstellplatz Peiting, Ammergauer Str.20a,Peiting

Wohnmobilstellplatz Burggen, Auf der Burg, Burggen

Zurück zu den Parkplätzen führen uns die Schilder nun nach Nordosten und wir erreichen auf der kurvigen Landstraße nach vier Kilometern den Ort Wildsteig.

Ganz oben auf dem Hügel residiert eine stattliche **Pfarrkirche** und daneben ein klassischer bayerischer Landgasthof. Bekannt ist Wildsteig, das auf knapp 900 Metern Höhe liegt, für seine **Lourdes Grotte** neben der Kirche. Die Grotte gilt als eine der größten in Süddeutschland und wurde vor wenigen Jahren komplett saniert. Im Unterschied zu anderen Lourdes Grotten verbindet man das nicht mit einer wundersamen Erscheinung.

Das prachtvolle Stift in Rottenburg

Von Wildsteig fährt man nun auf einer asphaltierten Straße südwärts bis Morgenbach und dort links weiter nach Norden. Parallel zur Ammer geht es – vorbei am Schweigsee – für sechs Kilometer ein wenig bergauf und dann etwas länger bergab bis nach Rottenbuch.

Bis 1803, dem Jahr der Säkularisation, gab es hier ein bedeutendes Augustinerchorherrenstift. Geblieben ist noch die ehemalige Stiftskirche und heutige **5 Pfarrkirche Mariä Geburt**, ein Prachtbau im Rokokostil. Und in der einstigen Klosterapotheke sind seit 1950 die Don Bosco Schwestern, die in Rottenbuch eine Fachakademie für Sozialpädagogik aufgebaut haben.

Für knapp zehn Kilometer zieht der Radweg nun nach Norden bis nach Peiting, teils entlang der Straße, teils abseits auf ruhigen Nebenstrecken. Anfangs noch ein wenig bergauf und bergab, dann aber auf den letzten sechs Kilometern stetig sanft bergab.

Ein guter Rastplatz: die Schönegger Käsealm

In Peiting bestimmte diesmal nicht ein Kloster die Geschichte. Zwar gab es im Mittelalter eine Welfenburg, aber in Peiting lebte man recht bodenständig ab dem Ersten Weltkrieg bis in die sechziger Jahre vom Kohlebergbau. Bekannt wurde Peiting auch mit der Geschichte von der **„Frau von Peiting"**. Dabei handelte es sich um eine Moorleiche, die in der Nähe in der Weiter Filze gefunden wurde. Moorleiche Rosalinde wurde sie auch geheißen, die Untersuchungen zufolge aus dem 14 Jahrhundert stammen sollte. Eine der wenigen erhaltenen Moorleichen in Bayern.

*Wir sind nun fast am Ende der Rundfahrt, radeln nordwärts auf der Schongauer Straße (**Wegepunkt ❸**) aus dem Ort und vorbei an dem Hügel links, wo einst die Welfenburg stand. Entlang des Lechufers geht es bis zur Lechbrücke und zurück ins Zentrum von Schongau.*

E-Bike Ladestationen an oder nahe der Route

Rathaus, Münzstr.9, Schongau
Radsport Lerf, Am Lerchenfeld 6, Schongau
Café Herzog, Dorfplatz 8, Peiting
Löwenhof, Löwenstr.3, Schongau

Viel Grün rund um den Staffelsee

Tour 5
Länge 45 km

RUND UM DEN STAFFELSEE

Eine entspannte Runde um einen der schönsten Seen im oberbayerischen Alpenvorland mit viel Natur und Kultur

Er gehört nicht zu den größten Seen in Oberbayern, aber er hat alles, was ihn als Ziel einer Radtour interessant macht. Schöne Badestrände, viel ursprüngliche Natur mit dem Murnauer Moos und jede Menge Kultur. Der gerade mal 7,6 Quadratkilometer große Staffelsee mit seinen sieben Inseln bietet da auf der 45 km langen Runde viel Abwechslung.

Was erwartet mich?

45 km, eine Rundtour für Naturliebhaber auf Nebenstraßen und auf Radwegen mit Schotter. Im Obernacher Moos geht es leicht bergauf, nach Bad Kohlgrub leicht bergab. Ansonsten eine leichte Tour.

Wie komm' ich hin?

ÖPNV:
Mit der Werdenfelser Bahn von München Hauptbahnhof direkt zum Bahnhof Murnau

Mit dem Auto:
Autobahn A95, Ausfahrt Murnau/Kochel, über Kocheler Straße auf B2 Richtung Garmisch-Partenkirchen und in die Ramsachstraße zum Wanderparkplatz (gebührenpflichtig).

Was muss ich sehen?

1 **Strandbad Seehausen**
2 **Staffelseemuseum**, Seehausen
3 **Heimatmuseum**, Uffing
4 **Münter Haus**, Murnau

Wo tank' ich auf?

Gasthof zum Stern,
Dorfstr.2, Seehausen
Seerestaurant Alpenblick,
Kirchtalstr.30, Uffing
Fischerhäusl,
Seeweg 104, Bad Bayersoien
Gasthaus Ähndl,
Ramsach 2, Murnau

Kartentipp: **ADFC Regionalkarte Bayerische Seen**

TOURSTART

Vom Bahnhof aus fahren wir gegen den Uhrzeigersinn nach Norden. Dabei queren wir die Hauptstraße Richtung Seehausen, nehmen die nächste Straße links (Römerstraße) und fahren nordwärts bis zum Ortsteil Riedhausen etwas abseits des Sees.

Eine interessante Zeitreise im Staffelseemuseum

Dort bietet sich (ein Stück hinter Riedhausen) ein Abstecher nach Seehausen an. Der kleine Ort mit seinen idyllischen Häusern und vielen Lüftlmalereien hat einiges zu bieten. Dazu gehört zum Beispiel das schöne, weitläufige 1 **Strandbad**. Auf dem Weg dorthin kommt man beim 2 **Staffelseemuseum** in der Seestraße vorbei. Dort gibt es eine interessante Dauerausstellung zur Naturlandschaft, zum Lebensraum Staffelsee und natürlich auch zu seiner Geschichte. Bis zum Jahr der Säkularisation 1803 gehörte Seehausen wie der gesamte See dem Kloster Ettal. Vom Strandbad aus starten die Schiffe über den See. Und zur Campinginsel bzw. zur großen Insel Wörth sind es nur wenige hundert Meter. Dazwischen liegt auch noch die

Das malerische Strandbad in Seehausen

winzige Jakobsinsel. Jedes Jahr gibt es übrigens eine große Seeprozession zu Fronleichnam. Einer der kulturellen Höhepunkte am Staffelsee. Aber wir sind ja hier im Blauen Land, in der Wahlheimat berühmter Künstler wie Franz Marc, Wassily Kandinsky und Gabriele Münter, die sich von den Schönheiten der Natur inspirieren ließen.

*Unser Radweg führt nun geradewegs über die Wiesen etwas abseits des Ufers und parallel zu den Bahnschienen nach Uffing. (Viel vom See sieht man alternativ auf der Hauptstraße auch nicht, denn dazwischen liegen etliche altehrwürdige Landhäuser mit Seegrundstück.) Gut vier Kilometer hinter Seehausen erreichen wir nach links über die Bahnschienen (**Wegepunkt** ❶) Uffing und fahren nach rechts auf der Murnauer Straße direkt in den Ort hinein.*

Uffing ist ein sehr ländlich geprägtes Dorf. Tradition spielt hier eine wichtige Rolle. Das belegt auch der Umstand, dass es auch hier ein eigenes [3] **Heimatmuseum** gibt. Dort gibt es eine Ausstellung mit Exponaten, die früher als handwerkliche und bäuerliche Geräte

Die Fußgängerzone in Murnau

genutzt wurden und ein Dorfmodell aus dem Jahr 1706. Der kleine Ort hat ja eine ungewöhnlich lange Geschichte, die bis ins achte Jahrhundert zurück reicht. Bekannt ist Uffing auch für seine schönen **Badestrände**. Vom Dorfzentrum kommt man auf der Seestraße Richtung Süden bis zum Gemeindebad, zum Campingplatz und zum Segelclub. Näher am Ort ist das **Seerestaurant Alpenblick** mit einem der schönsten Biergärten in der Region. Genug Gründe also für eine Pause.

Danach geht die Tour auf der Harberger Straße weiter Richtung SüdWesten ins Naturschutzgebiet Westlicher Staffelsee und im Zickzack durch den Obernacher Wald. Wir sind hier nun im ruhigsten und ursprünglichsten Teil der Runde und radeln durch das Naturschutzgebiet westwärts. Gut 13 Kilometer lang ist dieser Abschnitt, bis wir uns Bad Bayersoien nähern.

Das **Obernacher Moos** (unterhalb unserer Strecke) ist ein für diese Gegend typisches Hochmoor, das unter Naturschutz steht. Das Westufer des Staffelsees darf zum Beispiel nur sehr beschränkt betreten werden.

Die Gemeinde Bad Bayersoien ist ein noch recht junger Luftkurort mit Gründungsjahr 1972 und seit 1996 ein Heilbad. Früher gehörte der Ort wie viele andere in der Umgebung zum Kloster Ettal. Heute lebt man vor allem vom und für den Tourismus, der sich auch durch den regen Durchgangsverkehr auf der Bundesstraße B23 bemerkbar macht. Aber man hat hier ja auch mit Oberammergau, der Wieskirche, Neuschwanstein und Hohenschwangau einige der prominentesten Sehenswürdigkeiten in der Nachbarschaft. Da kann Bad Bayersoien zwar nicht mithalten, aber mit dem Bayersoiener See hat es doch etwas Besonderes zu bieten. Der kleine See am Ortsrand zählt aufgrund seiner geringen Tiefe zu den wärmsten Badeseen in Oberbayern, empfiehlt sich also für eine Erfrischungspause.

*Unser Radweg führt uns zunächst am Parkhotel (**Wegepunkt ❷**) vorbei bis zur Dorfstraße und dort nach links bis zum Strandbad am Südufer. Wir umrunden weiter den See gegen den Uhrzeigersinn und biegen dann nach rechts ab (**Wegepunkt ❸**). Wir radeln auf ruhigen Wegen, passieren Waldpassagen und offene Wiesen und erreichen nach gut fünf Kilometern gen Süden den Nordrand von Bad Kohlgrub. Auf der Kehrer Straße kommen wir zum Johannesbad, halten uns dort links und fahren links zur Hauptstraße. Auf der bleiben wir für 400 Meter und biegen dann rechts in die Mühlstraße ab (**Wegepunkt ❹**), wo schon deutlich weniger Verkehr ist.*

Reisemobilstellplätze an oder nahe der Route

Wohnmobil Stellplatz Bahnhofsplatz 1, Murnau
Campingplatz Aichalehof, Aichalehof 3, Uffing
Wohnmobil Stellplatz Ohlstadt, Am Schwimmbad 1, Ohlstadt

E-Bike Ladestationen an oder nahe der Route

Oberland Sports, Petersgasse 3, Murnau
Gasthof zum Stern, Dorfstr.2, Seehausen
Seerestaurant Alpenblick, Kirchtalstr.30, Uffing
Landhotel Metzgerwirt, Dorfstr.29, Bad Bayersoien
Kurparkrestaurant, Hauptstr.27a, Bad Kohlgrub

Bad Kohlgrub ist ja fast zweigeteilt. Unten ist das Ortszentrum mit den Geschäften und auf der Südseite geht es leicht bergauf Richtung Hörnle, wo der Kurbereich angesiedelt ist. Bad Kohlgrub liegt auf über 820 Metern Höhe und ist damit das höchstgelegene Moorbad in Deutschland. Die Kur hat hier eine lange Tradition, geht bis auf das 19. Jahrhundert zurück. Gesundheitstourismus in Verbindung mit der Natur ist hier ein bewährtes Modell. Der 1548 Meter hohe Hausberg Hörnle mit seiner nicht mehr ganz modernen Zweiersesselbahn ist im Sommer ein beliebter Wanderberg und bietet dazu im Winter ein kleines Skigebiet. Die Bahn stammt aus den fünfziger Jahren, wird heute als Nostalgieerlebnis beworben. Oben hat man einen ziemlich weiten Blick über das Alpenvorland.

*Auf dem Weg zurück zum Staffelsee folgen wir zunächst in der Mühlenstraße den Schildern des Radweges Bodensee-Königssee parallel zum Lindenbach und angenehm kontinuierlich bergab. Nach einer kurzen Waldpassage sehen wir auf der Lichtung rechts den kleinen Weiler Grafenaschau. Wir radeln weiter ostwärts (**Wegepunkt ❺**) über offenes Gelände, kommen in die Galthüttelfilze und gelangen schließlich, immer noch am Lindenbach entlang ins Murnauer Moos – ein weiteres Naturerlebnis. Nun geht es für rund 5 Kilometer schön flach durch das Murnauer Moos auf einem breiten, nicht asphaltierten Radweg. Bald ist der Südrand von Murnau erreicht, wo sich schon etliche Radler beim Gasthaus Ähndl neben dem kleinen Ramsachkircherl eingefunden haben.*

Das Gotteshaus heißt offiziell **St. Georgskirche** und geht bis auf das 14. Jahrhundert zurück. Nicht zufällig ist wohl auch, dass ein Drache im Wappen von Murnau abgebildet ist und der heilige Georg ja der Drachentöter war. Das Lokal nebenan ist eine beliebte Raststation. Und dort gibt es auch einen Infopunkt zum Murnauer Moos.

Eine Berühmtheit: das Münter Haus in Murnau

*Bis zum Wanderparkplatz (**Wegepunkt ❻**) sind es nun nur noch wenige Meter geradeaus auf der Ramsachstraße.*

*Zu unserem Ziel am Murnauer Bahnhof fahren wir von der Ramsachstraße links in die Mühlstraße (**Wegepunkt ❼**), queren die B2, biegen am Ende der Bahnhofstraße rechts ab und verlassen die B2 sofort wieder nach links. Unser Ziel, der Bahnhof, befindet sich auf der rechten Seite.*

In der Kottmüllerallee bietet sich nach links ein kurzer Abstecher zum 4 **Münter Haus** an. Die bunte historische Villa war einst das Wohnhaus von Gabriele Münter, Mitglied in der Künstlervereinigung „Der Blaue Reiter" und Partnerin von Wassily Kandinsky. Zum Blauen Reiter gehörte auch der Maler Franz Marc, der im nahen Sindelsdorf wohnte. Nach Gabriele Münters Tod 1962 ging das Haus in eine Stiftung über und ist heute ein Museum.

Die Sehenswürdigkeit schlechthin: Schloss Neuschwanstein

Tour 6

Länge 39 km

MEHR PROMINENZ GEHT WIRKLICH NICHT

Eine Landpartie von Neuschwanstein über die Wieskirche nach Oberammergau

Das märchenhafte Schloss Neuschwanstein bei Füssen und der Passionsspielort Oberammergau mit seinen Lüftlmalereien und Holzschnitzern sind für Bayernbesucher ein Muss. Neuschwanstein liegt zwar knapp nicht mehr in Oberbayern, aber den Radlern mag es egal sein, ob sie knapp über der „Grenze" sind. Nach dem Trubel in Neuschwanstein genießt man die Ruhe auf dem Radweg durch die Ammergauer Alpen und macht einen Stopp bei der ebenfalls berühmten und einsam gelegenen Wieskirche, bevor es auf ruhigen Nebenstraßen von Bauerndorf zu Bauerndorf bis nach Oberammergau geht.

Was erwartet mich?

39 km, eine nicht anspruchsvolle Streckentour auf dem Radweg Bodensee-Königssee. Hinter Trauchgau wird es etwas hügelig, aber immer nur kurze Anstiege und Abfahrten. Meist fährt man auf asphaltierten Radwegen oder Nebenstraßen, von Wildsteig bis Bad Kohlgrub komplett auf einer öffentlichen Straße, die aber kaum befahren wird.

Wie komm' ich hin?

ÖPNV: Mit der Bahn von München über Buchloe in etwa zwei Stunden bis Füssen – von Stuttgart mit Umstiegen in Augsburg rund drei bis vier Stunden. Der Bahnhof in Füssen ist beim Mittelbahnsteig barrierefrei. **Mit dem Auto:** Autobahn A96, Ausfahrt Landsberg/Lech, weiter auf der Bundesstraße B23 über Schongau nach Neuschwanstein. In Füssen gibt es beim Festplatz einen Bike+Ride Parkplatz. ACHTUNG: keine Zug- aber eine Bus-Verbindung zurück zum Startpunkt.

Was muss ich sehen?

1 **Schloss Hohenschwangau**, Schwangau
2 **Schloss Neuschwanstein**, Schwangau
3 **Wieskirche**, Steingaden
4 **Oberammergau Museum**, Oberammergau

Wo tank' ich auf?

Gasthof Hirsch, Kirchplatz 2, Halblech
Gasthof Moser, Wies 1, Steingaden
Restaurant Mundart, Bahnhofstr.12, Oberammergau

Kartentipp: **ADFC Regionalkarte Bayerische Seen**

Tour 6

TOURSTART

Unsere Tour startet in Füssen. Vom Bahnhof oder dem Festplatz an der Kemptener Straße sind es über die Sebastianstraße und hinter der Brücke über den Lech nach links nur wenige Minuten mit dem Rad bis Schwangau. Zu den beiden benachbarten Schlössern Hohenschwangau und Neuschwanstein folgen wir dem Bodensee-Königssee Radweg.

Zu Beginn sollten wir uns möglichst Zeit nehmen für die beiden Schlösser. 1 **Hohenschwangau** ist das ältere Bauwerk von beiden und war bereits im Mittelalter eine Ritterburg. König Max II. ließ sie umbauen und nutzte sie als Jagdsitz. Sein Sohn Ludwig II. verbrachte hier viel Zeit und ließ Hohenschwangau später nach seinem Geschmack umdekorieren. Viel mehr investierte Ludwig in den Neubau von 2 **Neuschwanstein**, seinem Traum von einer Ritterburg. 1868 begannen die Bauarbeiten und 1886 wurde das Schloss eröffnet, sieben Wochen nach dem Tod von Ludwig II. Die exponierte Lage und Ludwigs extravaganter Geschmack verschlangen enorme Summen. Aber heute ist Neuschwanstein ein Objekt der Begierde für Millionen. Pro Jahr zieht es 1,4 Millionen Besucher zum Schloss, bis zu 6.000 pro Tag. Für den Online-Ticketkauf muss man gewöhnlich einige Wochen Wartezeit einkalkulieren, bis man ein Ticket mit einem obligatorischen Führungstermin bekommt. Radfahrer haben einen Vorteil. Sie können relativ entspannt auf dem Radweg über Schwangau hinradeln und sparen sich auch teure Parkgebühren.

*Wir setzen unsere Tour sowohl von den Schlössern wie auch ab Schwangau weiter auf dem Bodensee-Königssee-Radweg Richtung Bannwaldsee fort. Hier verläuft der Weg zunächst am See entlang und vorbei am Campingplatz parallel zur Straße in nordöstlicher Richtung. Der Weg zieht geradewegs über die offenen Wiesen, hält etwas Abstand zur Bundesstraße und führt vorbei an Buching bis nach Halblech. Dort geht es dann entlang der Bundesstraße weiter und bis zu dem kleinen Dorf Unterreithen. Dort biegen wir rechts ab (**Wegepunkt ❶**) beim Gasthaus Sera und fahren durch das ruhige Dorf Richtung Osten. Wir folgen nun den Schildern der „Romantischen Straße" nach links (**Wegepunkt ❷**) Richtung Wieskirche. Es geht ein wenig bergauf und bergab, durch kurze Waldpassagen und an vereinzelten*

Der nicht ganz so bekannte Nachbar Hohenschwangau

Bauernhöfen vorbei, bis man nach rund sechs Kilometern an eine Lichtung kommt.

Vor einem steht die berühmte 3 **Wieskirche** in voller Pracht. Mitte des 18. Jahrhunderts ließ der Abt des Klosters Steingaden eine Wallfahrtskirche bauen, die 1746 eröffnet wurde. Baumeister des Rokoko-Prachtbaus waren die Brüder Johann Baptist und Dominikus Zimmermann. Seit 1983 gehört die römisch-katholische Wallfahrtskirche zum UNESCO-Weltkulturerbe und ist natürlich Ziel von vielen gläubigen Menschen, Pilgern und Wallfahrern und auch von Radfahrern. Für die Besucher gibt es vor Ort auch Souvenirläden und zwei Gasthäuser.

*Von der Wieskirche führt unsere Tour weiter nach Norden, folgt der Straße hinunter zu den Parkplätzen und biegt dann halbrechts ab (**Wegepunkt** ❸) auf die Güterstraße Richtung Wildsteig. Gute vier Kilometer sind es bis Wildsteig, die ähnlich verlaufen wie die Fahrt von Unterreithen zur Wieskirche.*

Wildsteig ist ein kleines Dorf mit einer stattlichen Kirche und der Lourdes Grotte gleich nebenan. Sie ist

Die kleine Kapelle bei Morgenbach

die größte Naturgrotte in Süddeutschland und wurde unlängst generalsaniert. Allerdings verbindet man damit keine wundersame Geschichte wie bei vielen anderen Lourdes Grotten.

Von der Kirche fahren wir wieder hinunter ins restliche Dorf, biegen rechts in die Riedstraße und dann zwei Mal rechts in den Oberfeld- bzw. Morgenbacher Weg ab. Diese schmale Straße führt über die Wiesen recht abwechslungsreich mit einigen Kurven und Höhenmetern bis nach Morgenbach, einem beschaulichen Bauerndorf auf dem Weg Richtung Bad Kohlgrub. In dem kleinen Dorf nehmen wir rechts die Straße Richtung Süden. Diese Straße führt nun auf gut zehn Kilometern durch einige Kurven, über Hügel, vorbei an schönen Wiesen, auf denen Kühe weiden, und einsamen Bauernhöfen. Eine

Unterwegs von Neuschwanstein Richtung Oberammergau

*ländliche Idylle. Nach gut sieben Kilometern kreuzt man die Halbammer (**Wegepunkt 4**), die Straße macht eine Linkskurve und man erreicht das Forsthaus Unternogg.*

Etwas weiter südlich ließ Ludwig II. ein Königshäuschen bauen, auf dessen Fundament heute die Hubertuskapelle steht.

*Von den beiden Forsthäusern in Unternogg führt die Straße nun geradeaus für weitere drei Kilometer auf dem Bodensee-Königssee-Radweg nach Altenau kurz vor Bad Kohlgrub. In Altenau folgen wir nun nach rechts dem Ammer-Amper-Radweg, kommen ins Zentrum, halten uns links, an der Kirche vorbei und fahren nach der Eisenbahnunterführung rechts (**Wegepunkt 5**). Die Straße verläuft parallel zur Bahnlinie und zur Bundesstraße Richtung Unterammergau. Bald führt einen der Radwegweiser nach rechts zur Ammer (**Wegepunkt 6**) und dann links auf einem schmalen Weg wieder nach*

Reisemobilstellplätze an oder nahe der Route

Wohnmobilpark Schwangau, Münchner Str.151, Schwangau
Brandstatthof, Brandstatt 1, Steingaden
Campingpark Oberammergau, Ettaler Str. 56 b, Oberammergau

E-Bike Ladestationen an oder nahe der Route

Tourist Info Füssen, Kaiser-Maximilian-Platz, Füssen
Cube Store, Forschenseestr. 45, Füssen
Haus des Gastes, Hauptstr. 27, Bad Kohlgrub
Hotel Alte Post, Dorfstr. 19, Oberammergau

*Süden bis Unterammergau. Von Unterammergau könnte man die letzten drei bis dreieinhalb Kilometer (**Wegepunkt 7**) auch entlang der Ammer radeln – der Bahnhof befindet sich rechterhand. Der schnellere Weg führt nach rechts auf dem Radweg neben der Bundesstraße B23. In Oberammergau geht es dann links in die Rottenbucher Straße, die uns sowohl zum Bahnhof wie auch direkt ins Ortszentrum führt.*

Als Radler ist man auch in Oberammergau im Vorteil. Es gibt hier im Zentrum des berühmten Passionsspielortes viele Besucher, meist mit Auto oder Bus, und wenige Parkplätze. Dazu sind die Nebenstraßen in der Ortsmitte teils recht verwinkelt. Das ist in Oberammergau Alltag und da müssen auch keine Passionsspiele sein. Aber die finden ja auch nur alle zehn Jahre statt. Zuletzt außerplanmäßig 2022 und dann wieder 2030. Begonnen hatte es mit einem Gelübde der Oberammergauer während der Pest im Jahr 1633. Sie legten einen Schwur ab, dass sie alle zehn Jahre das Leiden und Sterben Christi aufführen würden, wenn im Dorf keiner an der Pest sterben sollte. Und so kam es dann auch und 1634 fanden die ersten Passionsspiele statt. Das Festspielhaus mit seinen 4500 Sitzplätzen liegt am Nordrand von Oberammergau und steht seit 2020 unter Denkmalschutz. Mehr Informationen zum Ort und zu den Passionsspielen erfährt man im 4 **Oberammergau Museum** in der Dorfstraße 8.

Berühmt ist Oberammergau auch für die traditionelle Lüftlmalerei. Bei diesem Brauch wurden die Haus-

fassaden bunt bemalt, meist mit kirchlichen Motiven oder Themen aus dem Arbeitsalltag. Allerdings findet man heute auch moderne Versionen, die nicht jedermanns Geschmack sind. In Oberammergau hatte es seinen Ursprung im Pilatushaus des damaligen Fassadenmalers Franz Seraph Zwinck. Das Haus steht in der Ludwig-Thoma-Str. 10. Fassadenmalereien hat auch das Geburtshaus des Schriftstellers Ludwig Thoma in der Dorfstraße 20. Eine weitere Spezialität der Oberammergauer ist das Holzschnitzen. Das geht bis ins Mittelalter zurück, als es wohl Mönche waren, die sich häusliche Gegenstände aus Holz schnitzten. Heute bestimmen Holzschnitzereien viele Läden im Zentrum. Nicht alle dürften da handgemacht und original sein, sondern auch aus fernöstlicher Billigproduktion stammen. Echt und traditionell ist dafür die Berufsfachschule für Holzbildhauer in der Ettaler Straße.

Historische Architektur in Oberammergau

Die zauberhafte Sachenbacher Bucht am Walchensee

Tour 7

Länge 53 km

BAYERISCHE ROMANTIK AM WALCHENSEE

Eine abwechslungsreiche Tagestour von Lenggries im Isartal zum idyllischen Walchensee mit vielen urbayerischen Qualitäten

Das obere Isartal ist für Freizeitradler ein beliebtes Ziel. Entlang der Isar und in diversen Seitentälern locken herrliche Touren, die mal mehr, mal weniger alpin sind. Das trifft auch für die Rundfahrt von Lenggries zum Walchensee und zurück über Wallgau und Vorderriss zu. Viel Bergromantik und bayerische Geschichten und Spezialitäten gibt es, dazu herrliche Badestrände am Walchensee, Badeplätze an der Isar und natürlich einige schöne Biergärten. Sportliche und technische Ansprüche sind bei der 78 km langen Tour überschaubar.

Was erwartet mich?

53 km, Rundtour teils auf der Straße, teils auf asphaltierten Radwegen, teils auf Schotterwegen mit etlichen Bergauf- und Bergabpassagen. Mountainbikes sind nicht notwendig, geländetaugliche Reifen aber empfehlenswert.

Wie komm' ich hin?

ÖPNV:

Mit der Bayerischen Regiobahn von München über Bad Tölz bis Lenggries. Gleis 1 ist barrierefrei. (Alternative: barrierefreier Bahnhof in Bad Tölz - von dort gibt es einen neuen Radweg nach Lenggries)

Mit dem Auto:

Von München entweder auf der Autobahn A95 bis Wolfratshausen und über Geretsried und Bad Tölz nach Lenggries., Oder auf der Autobahn A8 bis zur Ausfahrt Holzkirchen und über Dietramszell bis Lenggries. Parkmöglichkeiten im Zentrum.

Was muss ich sehen?

1. **Brauneck Bergbahn**, Lenggries
2. **Sachenbacher Bucht**, am Walchensee, Jachenau
3. **Badeplätze bei Einsiedl**, Walchensee
4. **Altes Forsthaus und Gasthof Post**, Lenggries
5. **Sylvenstein Stausee**

Wo tank' ich auf?

Café beim Dannerer,
Tannen 32 1/2, Jachenau
Hofladen,
Sachenbach 1, Jachenau
Gasthaus Post,
Vorderriss 5, Lenggries
Gasthaus Papyrer,
Fleck 5, Lenggries

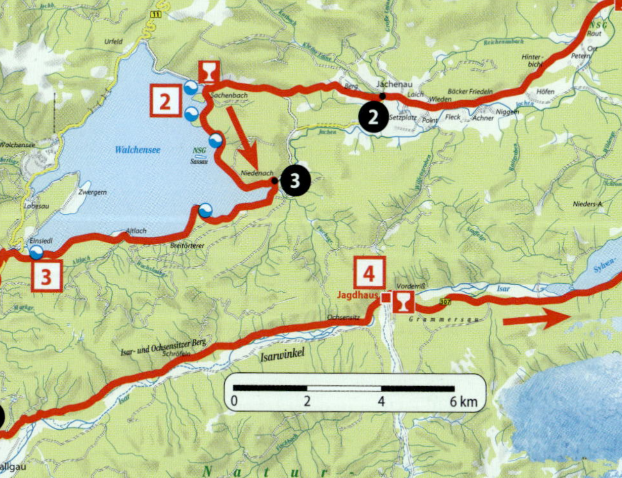

Kartentipp: **ADFC Regionalkarte Bayerische Seen**

TOURSTART

Vom Bahnhof startet man vom Bahnhofsplatz links in die Schützenstraße, überquert nach links die Bundesstraße und die Isar, biegt am Kreisverkehr links ab und folgt der Wegweisung zur Jachenau. (Geradeaus ginge es zum Brauneck.) Zunächst fährt man auf der anfangs recht schmalen Straße durch eine Wohnsiedlung, dann über freies Gelände auf der Südseite des Brauneckmassivs.

Lenggries ist ein beliebter Ferienort im oberen Isartal. Im Winter zieht es die Besucher vor allem zum Skigebiet am Hausberg Brauneck und im Sommer kommen Wanderer und Radler. Vor allem der Isarradweg ist eine Attraktion. Aber nicht die einzige. Lenggries ist direkt an der Isar und der Bahnhof in Lenggries liegt sehr zentral.

Der Ort hat eine lange Tradition der Isarflößer, die isarabwärts Waren und Holz transportierten. Mit dem Bau des Walchenseekraftwerks fehlte das Wasser für die Flößerei. Zeitgleich wurde im Jahr 1924 die Bahnlinie von Bad Tölz und München eröffnet. Und

Unterwegs in der Jachenau

damit wurden die Weichen erstellt für den Tourismus, der sich dann auch prächtig entwickeln sollte. Eine lange Tradition hat das obere Isartal als Rückzugsgebiet allerhand Prominenter. Doch davon später mehr. Heute ist das Brauneck mit seiner 1 **Bergbahn** die große Attraktion in Lenggries, an der wir gleich zu Beginn vorbei radeln.

*In die Jachenau führt zunächst über Wegscheid und Leger eine Straße ohne Radweg. (Achtung: An Wochentagen und in der Nebensaison kann man dort ganz entspannt radeln. Viel los ist an Sommerwochenenden vor allem, wenn Motorradfahrer unterwegs sind.) Kurz hinter Leger (**Wegepunkt** ❶) kommt für mehrere Kilometer ein Radweg auf der linken Straßenseite. Das letzte Stück bis zum Talende und dem kleinen Weiler Jachenau mit der Kirche auf einem Hügel fährt man dann wieder auf der Straße. Bis dorthin radelt man durch ein weites, offenes Tal mit grünen Wiesen rechts und links und einzelnen stattlichen Bauernhäusern mit der für das Oberland typischen Lüftlmalerei. Rund 16 km sind es bis zum Ort.*

Der Dorfladen in Jachenau

Interessant an der Jachenau ist, dass die eigenständige Gemeinde mit über 800 Einwohnern die kleinste ihrer Art in Bayern ist, gleichzeitig aber zu den waldreichsten Gegenden in ganz Deutschland zählt. Die Ursprünglichkeit des Tals sorgte auch dafür, dass hier der Maler Franz Marc vor über 100 Jahren oft unterwegs war und dass etliche prominente Filmproduktionen hier drehten und sich Dokumentarfilme mit dem Tal beschäftigten. In der Ortschaft Jachenau gibt es mehrere Gasthäuser und einen kleinen Dorfladen.

*Man kann von hier entweder auf der asphaltierten Mautstraße links oder kurz nach dem Dorfladen rechts über eine Forststraße Richtung Walchensee fahren. Wir wählen kurz nach dem Dorfladen den rechten Weg (**Wegepunkt ❷**), fahren westwärts auf einer asphaltierten Straße über offenes Gelände zu zwei Bauernhöfen und der Jachenauer Hofkäserei und kommen bald wieder in den Wald hinein. Es geht bergauf und bergab, bis wir zur* **2 Sachenbacher Bucht** *kommen.*

Die unbewohnte Insel Sassau

Unterwegs begegnet man auf einem freien Feld einem Marterl, das daran erinnert, dass hier in den letzten Kriegstagen 1945 Elisabeth Schwink und ihre Tochter Ruth von SS-Schergen erschossen wurden. Heute ist die **2 Bucht** eine wirkliche Idylle mit Blick auf den See. Rechts der Jörglbauernhof, links der Seppenbauernhof, deren Geschichte auf zwei Sachenbacher Brüder vor über 400 Jahren zurück geht. Bei dem Hofladen rechts gibt es eine Terrasse mit Tischen für Gäste. Auf den Wiesen rund um die Bucht genießen Badegäste und Radler die herrliche Stimmung.

*Weiter geht die Tour links am Seeufer entlang, wir passieren einige Tore und folgen dem Ufer für mehrere Kilometer auf einem breiten Schotterweg. Eine schöne ruhige Strecke, wo nur Radler und Wanderer unterwegs sind. Lebendiger wird es wieder, wenn man in einer Bucht auf die öffentliche Straße von der Jachenau her trifft (**Wegepunkt ❸**). Wir radeln nun auf dem „WasserRadlweg Oberbayern" weiter entlang des Südufers des Walchensees.*

Zahlreiche Badeplätze sieht man rechts am Seeufer. Dazu hat man einen schönen Blick auf die menschenleere **Insel Sassau**. Und vor allem säumen Kolonnen von parkenden Autos den Uferweg.

Am Radweg entlang des Walchenseeufers

Der rund 16 Quadratkilometer große **See** hat einige Besonderheiten. Mit maximal 190 Metern ist er außergewöhnlich tief. Gegen Ende des Zweiten Weltkriegs wurden hier die Vermögen der Deutschen Reichsbank vergraben. Ein Teil des Goldes soll immer noch verschollen sein. Und der See war schon Drehort für etliche prominente Filmproduktionen, darunter auch Wikingerfilme wie Wickie und die starken Männer von Bulli Herbig. Auf dem Seegrund liegen drei Flugzeuge, die teils noch aus dem Krieg stammen, und mehrere Autos, was auch diverse Taucher immer wieder anlockt. Interessant ist auch die Insel Sassau, die gut 2,5 Hektar groß ist und bis 1972 in Privatbesitz und auch bewohnt war. Danach ging sie an die Bayerische Staatsforstverwaltung und steht seitdem unter Naturschutz.

Unsere Tour führt weiter am Ufer entlang bis Einsiedl vorbei an schönen **3 Badeplätzen** *und an der Mautstelle. An der Bundesstraße B11 biegen wir rechts ab und folgen weiter dem WasserRadlweg nach links. Der Radweg schlängelt sich durch den Wald, folgt dann wieder für ein Stück der Straße, um später wieder in den Wald abzugleiten. Nach rund sechs Kilometern erreicht man Wallgau, rollt entspannt in den Ort hinein, um dann gleich wieder links zur Mautstraße Richtung Vorderriß abzubiegen. Wir sind nun auf dem Isarradweg. Die*

Reisemobilstellplätze an oder nahe der Route

Nachtparkplatz Fall,
Dürrachstraße, Fall
Lenggries Bergcamping,
Gilgenhöfe 4, Lenggries

E-Bike Ladestationen an oder nahe der Route

Rathausplatz,
Lenggries
Altwirt,
Marktstr. 13, Lenggries
Rathaus,
Mittenwalder Str. 8, Wallgau
Posthotel,
Dorfplatz 6, Wallgau

*Straße passiert den Golfclub (**Wegepunkt ❹**), erreicht bald eine Mautstelle und eröffnet schöne Aussichten Richtung Karwendel. Wir folgen nun der Isar flussabwärts, die sich hier über ein breites Flussbecken schlängelt und rechts und links von urigen Wiesen und Wäldern begleitet wird. Einheimische nennen diese Naturidylle auch Little Canada. Anfangs ist die Straße etwas eng und kurvenreich, wird aber bald breiter und angenehmer zu fahren. An Sommerwochenenden ist hier viel los. An Werktagen und zur Nebensaison kann man hier aber entspannt radeln, auch weil es hier überwiegend bergab geht. Wir fahren ja auch flussabwärts. Nach etwa 12 Kilometern nach der Mautstation, die Fahrt ist für Radler übrigens gratis, kommt man zu einer Brücke über die Isar und zu einer Kreuzung.*

Hier steht das traditionsreiche **4 Gasthaus Post** in Vorderriß. Und dahinter auf dem Hügel steht das **4 Jagdhaus**, das sich König Ludwig II. nebst Kapelle bauen ließ. Er war ja ein echter Naturliebhaber. Daneben wuchs der Schriftsteller Ludwig Thoma als Sohn des Revierförsters Max Thoma auf. Und auch der Kronprinz Luitpold liebte die Gegend als passionierter Jäger. Heute gehören große Teile des Gebiets dem Grossherzogtum Luxemburg. Rechts zweigt übrigens die Straße nach Hinterriss und in die Eng ab, einem romantischen Sacktal, das ein beliebtes Ausflugsziel und Tiroler Hoheitsgebiet ist.

Beim Gasthof Post in Vorderriss

Gute acht Kilometer sind es dann bis zur Ortschaft Fall, zu der es auch eine besondere Geschichte gibt.

Der Schriftsteller Ludwig Ganghofer war hier oft unterwegs und verewigte den Ort in seinem Buch „Der Jäger von Fall". Mitte der Fünfzigerjahre, als der Bau des **5 Sylvenstein Stausees** begann, wurde der alte Ort Fall abgerissen und verschwand im neuen Stausee.

Die Brücke über den Sylvenstein Stausee

Tipp: Ein Teil der Fahrt bis Fall kann man alternativ auch auf einem Uferweg entlang der Isar absolvieren. So erspart man sich die verkehrsreiche Hauptstraße.

*Bei Fall geht es wieder auf die Straße über eine Brücke mit schönem Seeblick rechts und links. Danach bleiben noch 1,4 Kilometer auf der Straße bis zur Staumauer. Dort fahren wir rechts ab und biegen nach der Staumauer links ab in den Tunnel auf den Toni-Seber-Weg (**Wegepunkt ❺**), wo der Radweg Richtung Lenggries beginnt. Eine kurze dunkle Durchfahrt, dann geht es überwiegend bergab durch den Wald. 13 Kilometer sind es hier noch bis Lenggries. Ein leichter letzter Abschnitt, bei dem der Radweg mal rechts, dann links und wieder rechts der Bundesstraße B13 folgt. Ein gut ausgebauter Weg meist bergab und überwiegend auf Asphalt. Kurz vor Lenggries kann man rechts in die Sylvensteinstraße abbiegen (**Wegepunkt ❻**) und direkt ins Zentrum fahren oder weiter auf dem Radwege „München-Venezia" neben der Isar bis vor die Brücke und rechts ab ins Zentrum. Unser Ziel ist dann wieder der Bahnhof, wo es zurück Richtung Norden gehen kann.*

Auf dem Kalvarienberg in Bad Tölz

Tour 8 Länge 71 km

ENTLANG DER ISAR IN DIE BERGE

Der Radklassiker. entlang der Isar bietet viel Abwechslung von Münchner Nobelvororten bis zu bayerischer Bergromantik.

Natürlich ist es schneller und bequemer, sich ins Auto zu setzen oder mit der Bahn zu reisen. Wer aber die Landschaft hautnah und intensiv erleben will, wer erkennen mag, wie sich die Natur verändert und wie mit jedem Kilometer die heiß ersehnten Berge näher rücken, ist mit dem Rad perfekt unterwegs. Die Tour von München bis Lenggries direkt unter dem Brauneck ist mit 66 Kilometern gerade recht für einen Tagesausflug ohne größere Strapazen. Zurück kann man ja mit der Bahn fahren – oder weiter verlängern bis Mittenwald.

Was muss ich sehen?

1 **Deutsches Museum**, München

2 **Kulturzentrum Gasteig**, München

3 **Flaucher**, München

4 **Tierpark Hellabrunn**, München

5 **Isarkanal mit historischem Kraftwerk**

6 **Pupplinger Au**, Wolfratshausen

7 **Marktstraße**, Bad Tölz

Was erwartet mich?

71 km, überwiegend leichte Streckentour mit kleinen Höhenunterschieden, auch wenn es grundsätzlich bergauf geht. Etwas rustikaler ist der Weg kurz vor Grünwald. Gut profilierte Reifen sind empfehlenswert.

Wie komm' ich hin?

ÖPNV:
Mit der Bahn bis München Hauptbahnhof, mit der S-Bahn bis Station Gasteig (barrierefreier Ausgang Rosenheimer Platz)

Mit dem Auto:
In München zum Rosenheimer Platz, Parkhaus am Gasteig

Wo tank' ich auf?

Schlosshotel Grünwald, Zeillerstr. 1, Grünwald

Gasthaus zur Mühle, Mühlthal 10, Strasslach

Gasthaus Bruckenfischer, Dürnstein 1, Egling

Gasthaus Aumühle, Aumühle 10, Egling

Gasthof Aujäger, Austr. 4, Egling

Café Bolzmacher, Rothenrain 160b, Wackerster

Schwingshackl Esskultur, An der Isarlust 1, Bad Tölz

Arzbacher Hof, Alpenbadstr. 20, Arzbach

Schweizer Wirtin, Schlegldorf 83, Lenggries

Kartentipp: **ADFC Regionalkarte München/Alpenvorland**

TOURSTART

Startpunkt der Tour ist das Isarufer beim Deutschen Museum zu Füßen des Gasteigs. Dieser Ort ist mit öffentlichen Verkehrsmitteln, mit der S-Bahn bis zur Station Gasteig leicht erreichbar. Autofahrer können ihr Gefährt dort im Parkhaus platzieren. Dann kann es los gehen.

Typisch München:
Isar und Deutsches Museum

Die Isar ist für die Münchner wie für die meisten Oberbayern ein Nationalheiligtum, das auch von den Zuagroasten, zu meist aus dem Norden Zugezogenen, so gesehen und geschätzt wird. Die Isar ist eine Art Naturschauspiel und Freizeiteinrichtung mit vielen Facetten. Das kann man schon beim Start dieser Tour gut verstehen. Das breite Ufergelände rechts und links der Isar ist üblicherweise gut frequentiert von Spaziergängern und Radfahrern auf dem entsprechenden Weg. Bevor wir starten, darf man den Hinweis nicht vergessen, dass wir hier umgeben sind von Sehenswürdigkeiten. Da wäre zuerst das 1 **Deutsche Museum**, schräg gegenüber auf der Ostseite der Isar das 2 **Kulturzentrum Gasteig** und fast zwischendrin das altehrwürdige und herrlich nostalgische Müllersche Volksbad.

Weitere Informationen zu den Sehenswürdigkeiten in der Stadt finden Sie im **Ortsporträt München** (S. 38).

*Die Tour beginnt auf der Ostseite der Isar parallel zur Zeppelinstraße. Links sehen wir die Au, ein sehr traditionelles Münchner Stadtviertel. Wir folgen nun den Schildern des Isarradweges und kreuzen unterwegs die Corneliusbrücke, die Reichenbachbrücke und schließlich die Wittelsbacherbrücke (**Wegepunkt 1**).*

Beliebtes Freizeitgelände: die Isarwiesen in München

Kurz danach erreichen wir den **3 Flaucher**, ein bei den Münchnern beliebtes Freizeitgelände auf den breiten Isarwiesen. Ein ideales Terrain zum Baden, Grillen und Feiern.

Der Münchner Süden ist gerade was Freizeit und Lebensqualität angeht, besonders reizvoll. Links von der Isar befindet sich der **4 Tierpark Hellabrunn**, an dem man direkt vorbei radelt. Und quasi nebenan breitet sich der Stadtteil Harlaching aus, eine der nobleren Adressen. Ein beliebtes Ausflugsziel ist hier etwas weiter oben am Hochufer der Gasthof Menterschwaige, ein historischer Gutshof mit einem schönen Biergarten.

*Wir fahren weiter am Isarufer entlang während dieser Streckenabschnitt allmählich etwas ruhiger wird. Nach der Grosshesseloher Brücke (**Wegepunkt 2**) nähern wir uns dem ebenso bekannten wie exklusiven Vorort Grünwald.*

Links könnte man einen Abstecher zur Bavaria Filmstadt Geiselgasteig machen. Dort wurden berühmte Filme wie „Das Boot" und viele TV-Serien gedreht. Und man kann bei Führungen in die Kinowelt eintauchen.

*Auf den nächsten drei Kilometern macht die Isar einige Kurven und der breite Forstweg samt diverser Buckel wird etwas rustikaler. Schließlich nähern wir uns der Grünwalder Brücke, fahren links auf der Straße bergauf vorbei an der Burg Grünwald und am Schlosshotel, das eine wirklich aussichtsreiche Terrasse zu bieten hat. Oben angekommen wird es gleich wieder flacher. Wir fahren nach Süden auf der belebten Tölzer Straße (oder ein Stück auf einer ruhigen Parallelstraße) bis zum Friedhof am Ortsrand. Von den millionenschweren Luxusvillen, für die Grünwald bekannt ist, sieht man hier allerdings wenig. Beim Friedhof zweigt nun rechts ein breiter Forstweg in den Wald ab (**Wegepunkt ❸**). Dem folgen wir, fahren ein längeres Stück geradeaus und kommen bald nach Straßlach, ein ebenso nobler, aber weniger bekannter Vorort von München. Und die Wegführung wird bald wieder abwechslungsreicher. Einige Kurven folgen noch auf dem Weg durch den Wald, bis man am Ende der Bergabstrecke direkt vor dem Isarwerkkanal landet.*

Auf dem Radweg am Isarwehrkanal

Dieser 5 **Kanal** wurde Ende des 19. Jahrhunderts gebaut, um auf diese Art zwei Wasserkraftwerke anzutreiben. Im Kanal sind auch regelmäßig die Freizeit-Floßfahrten unterwegs, die von Wolfratshausen kommen. Direkt beim 5 **historischen Wasserkraftwerk** ist auch die Rutsche, die die Flöße absolvieren müssen und die zu den Höhepunkten der Tour gehört. Ein Klassiker ist auch das Gasthaus zur Mühle mit seinem schönen Biergarten.

Gut drei Kilometer radeln wir jetzt am Kanal entlang nach Süden, bis wir auf einen Wirtshausklassiker stoßen.

Der **Bruckenfischer** steht direkt bei der Brücke, auf der es Richtung Schäftlarn geht. Spezialität des Lokals sind die Forellen aus dem Isartal.

Von hier ist es nur einen Kilometer bis zum **historischen Kloster Schäftlarn**. Zu dem stattlichen Benediktinerkloster, das bereits 762 gegründet wurde, gehören auch ein Gymnasium mit Internat, eine Schnapsbrennerei, eine Imkerei und mehrere Lokale. Das benachbarte Klosterbräustüberl und auch der Bruckenfischer sind im Besitz des Klosters.

Der Isarradweg kurz vor Grünwald

*Unser Radweg auf dem Isarradweg führt nun weiter nach Süden und das ohne nennenswerte Umwege. Nach rund zwei Kilometern erreichen wir wieder ein Gasthaus (**Wegepunkt ❹**).*

Die **Aumühle** ist eine kleine Siedlung mit einer Forellenzucht, einem Holzverarbeitungsbetrieb und zwischendrin mit einem Wirtshaus. In dem beschaulichen Lokal mit dem schönen Biergarten bekommt man unter anderem frischen Fisch von der benachbarten Fischzucht. Die Gegend hier ist wirklich genial für entspannte Radausflüge. Man radelt gemütlich an der Isar entlang durch die Natur, vorbei an sattgrünen Wiesen und trifft alle paar Kilometer auf ein typisch bayerisches Gasthaus mit Biergarten. Es ist in diesem Bereich auch eine ausgesprochen familienfreundliche Strecke, da man praktisch ohne Autoverkehr auf flachen Strecken unterwegs ist.

So bleibt das auch auf dem Abschnitt durch die beliebte 6 **Pupplinger Au** vor Wolfratshausen. Auwald und Auwiesen prägen dieses Naherholungsgebiet, in dem sich die Isar mal von ihrer archaisch, ursprünglichen Seite zeigt. Wir kommen schließlich zum **Aujäger**, einem Gasthaus mit 400jähriger Geschichte, das, wie soll es auch anders sein, einen stilgerechten Biergarten zu bieten hat.

Naturlandschaft in der Pupplinger Au

*Wir sind jetzt schon am Stadtrand von Wolfratshausen, das sich auf der gegenüberliegenden Seite der Isar ausbreitet. An der Anlegestelle der Isarflößer bei Puppling vorbei fahren wir über die Brücke (**Wegepunkt ❺**) und fahren in einer Rechtsschleife unter der Brücke hindurch. Unser Radweg lässt Wolfratshausen rechts liegen und führt uns weiter entlang der Isar.*

Reisemobilstellplätze an oder nahe der Route

Stellplatz Allianz Arena,
Werner-Heisenberg-Allee 25,
München
Stellplätze an der Isarpromenade,
Königsdorfer Straße,
Bad Tölz

E-Bike Ladestationen an oder nahe der Route

Schlossstr.14,
Grünwald
Hammerschmiedweg 3,
Wolfratshausen
Tourist Information,
Max-Höfler-Platz 1, Bad Tölz
Stadtwerke,
An der Osterleite 2, Bad Tölz

In Wolfratshausen könnte man zum Beispiel einen Themenweg zu der beliebten TV-Serie **Hubert & Staller** besuchen. Die Serie wird seit Jahren in und um Wolfratshausen gedreht.

*Der Weg schlängelt sich durch den Wald nach Süden bis zum Ortsrand von Geretsried. Vorbei an Wohnsiedlungen und Gewerbegebieten geht es weiter nach Süden, wir passieren das Eisstadion, kreuzen die Staatsstraße 2369 (**Wegepunkt ❻**) und tauchen dann wieder in den Wald hinein. Es wird also nicht langweilig. Bald erreichen wir die Isartalsternwarte und die Jugendsiedlung Hochland (**Wegepunkt ❼**), eine öffentlich geförderte Jugendbildungsstätte. Wir sind zwar einen guten Kilometer von der Isar entfernt, fahren aber durch die ursprüngliche Naturlandschaft vorbei an kleinen Weilern Richtung Bad Tölz weiter. Die Straße führt dann geradeaus nach Rothenrain, genau genommen nach Vorderrothenrain und Hinterrothenrain.*

Links steht die **Genussbox** der Hofmetzgerei der Familie Fischer. Kurz danach kommt links ein kleiner Imbiss, das **Café Bolzmacher**, das zu dem angrenzenden Bauernhof gehört und wo es hausgemachte Kuchen und Kaffee gibt. Eine beliebte Zwischenstation für Isarradler.

Danach folgen ein paar Bergauf- und Bergabpassagen, bis man wieder am Isarufer landet. Das erste Stück radelt man noch auf der Straße, dann öffnet sich der Radweg am Hochufer. Und man erkennt schon Bald Tölz mit seinem sanft ansteigenden Zentrum auf dem Ostufer und darüber den Kalvarienberg mit der Wallfahrtskirche.

Die Zeit, dem Zentrum von Bad Tölz einen Besuch auszustatten, sollte man sich in jedem Fall nehmen. Über die breite Isarbrücke kommt man direkt zur weiten [7] **Marktstraße**, die das Herzstück der Stadt ist. Viele Geschäfte und Lokale und historische Stadthäuser säumen den Weg. Interessant sind auch die kleinen Seitengassen auf der rechten Seite. Und wer die Höhenmeter nicht scheut, kann hinauf zum Kalvarienberg radeln. Oben empfängt einen die mächtige Kirche Hl. Kreuz mit den beiden Türmen, eine schlichte Kapelle und vor allem eine grandiose Aussicht auf das Isartal. Vor langer Zeit war der Berg eine Hinrichtungsstätte. Eine andere, typisch Tölzer Sehenswürdigkeit ist das

Die Marktstraße in Bad Tölz

Bulle von Tölz Museum neben der Raiffeisenbank, das allerhand zu der legendären TV-Serie zu bieten hat inklusive Fanshop. Die Erfolgsgeschichte dieser Heimatkrimiserie liegt allerdings schon einige Jahre zurück.

Weitere Informationen zu den Sehenswürdigkeiten in der Stadt finden Sie im **Ortsporträt Bad Tölz** (S. 80).

*Zu unserem Ziel in Lenggries sind es noch ca. 10 Kilometer. Dafür folgen wir weiter den Schildern des Isarradweges direkt am Westufer entlang, wechseln in Obergries das Flussufer und erreichen bald Lenggries, wo wir hinter der Brück (**Wegepunkt ❽**) in einer Schleife die Bahnschienen queren und rechts zum Bahnhof gelangen.*

Der Zug bringt uns zurück zum Hauptbahnhof München und weiter mit der S-Bahn bis zu unserem Ausgangspunkt.

Die Hauptattraktion des Ortes liegt auf der Westseite der Isar. Das **Brauneck** samt Seilbahn ist im Sommer ein beliebtes Wandergebiet und im Winter ein vielseitiges Skigebiet. Nach der langen Tour kann man sich im Naturfreibad erfrischen, eine Seilbahnfahrt hinauf zum Brauneck machen oder die Sommerrodelbahn auf der Südseite des Braunecks bei Wegscheid testen.

BAD TÖLZ

Die historische Kurstadt an der Isar gehört zweifellos zu den bayerischsten aller bayerischen Städte. Die traumhafte Lage an der Isar mit den Bergen als Kulisse, das malerische historische Zentrum und die mit Sorgfalt gepflegten Traditionen wecken das Interesse vieler Besucher.

Es gibt viele gute Gründe, sich mit Bad Tölz näher zu beschäftigen. Bekannt ist die traditionsreiche Kurstadt nicht nur wegen der erfolgreichen, aber nicht mehr ganz neuen TV-Serie **„Der Bulle von Tölz"** mit Otfried Fischer in der Titelrolle. Eine Institution ist auch heute noch die Tölzer Leonhardifahrt, eine Prozession zu Ehren des Patrons des Viehs, die im November abgehalten wird und eine echte Großveranstaltung geworden ist. Das ganze Jahr über bietet die Stadt wegen ihrer günstigen Lage an der Isar und direkt am Rande der Berge einen hohen Freizeitwert. Von Bad Tölz aus kann man herrliche Ausflüge als Wanderung oder Radtour unternehmen, was vor allem entlang der Isar sehr populär ist. Die Nähe zum Brauneck, einem beliebten Ausflugs- und Skiberg, ist ebenso ein Pluspunkt wie der Blomberg. Der Hausberg von Bad Tölz ist nur wenige Kilometer nach Westen entfernt, bietet das ganze Jahr über Freizeitaktivitäten vom Wandern bis Radfahren, Rodelbahn, Klettergarten und einiges mehr. Auf den 1248 Meter hohen Berg kommt man mit der Seilbahn.

Bad Tölz ist auch ein Ort mit Geschichte. Erste Siedlungen soll es bereits im siebten Jahrhundert gegeben haben. Später sorgten die Säumer, die mobilen Händler, dafür, dass der Ort an Bedeutung gewann. Berühmt wurde Bad Tölz für die Flößerei. Es war damals im Mittelalter die beste Methode, das Holz von den Bergen schnell und effizient auf der Isar zu transportieren. Bis zum 18. Jahrhundert gab es im Ort stolze 22 Brauereien, was einerseits mit dem guten Bierkonsum zu

Blick vom Kalvarienberg auf Bad Tölz und Isar

tun hatte, aber auch mit der damaligen Methode, das Bier unterirdisch zu lagern und zu kühlen, wofür Bad Tölz mit dem Tuffboden sehr gute Voraussetzungen bot. Ein echter Aufschwung kam zur Jahrhundertwende, als Tölz 1899 den Status eines Kurortes mit dem Titel Bad erhielt. Viele Jahre war Bad Tölz auch eine Hochburg des Eishockeysports.

Wer mit dem Rad nach Bad Tölz kommt, erhält auf den letzten Metern bereits einen sehr guten Eindruck. Die Isar, die hier geradewegs aus den Bergen herauskommt, die große Brücke, die direkt zur historischen Marktstraße führt, dazu das Zentrum in markanter Hanglage und darüber noch der **Kalvarienberg** als I-Tüpfelchen. Das macht natürlich neugierig. Heute ist Bad Tölz eine florierende Stadt und gehört zum Landkreis Bad Tölz Wolfratshausen. Die ehemalige Flint-Kaserne der amerikanischen Armee am östlichen Stadtrand ist ein großzügiges Gewerbegebiet inklusive der **Hacker-Pschorr-Arena**, einem modernen Eisstadion. Am Rande betreibt der Deutsche Alpenverein eine große gläserne Halle, in der Noteinsätze mit Rettungshubschraubern simuliert werden.

Die Sehenswürdigkeit schlechthin ist die **Marktstraße**, die sanft bergab zur Isar hin verläuft und historische Häuserensembles im barocken Stil mit sehenswerten Lüftlmalereien hat, wie die bunten Fassadenmalereien im Bayerischen heißen. Besonders sehenswert sind das Moralthaus, das Sporerhaus und das alte Rathaus. Sehr schön ist auch die historische Fassade des **Marienstfts**. Im historischen Heimat- und Bürgerhaus ist das Stadtmuseum eingerichtet. Dort wurde auch für den „Bullen von Tölz" gedreht.

Wer einen perfekten Ausblick auf Bad Tölz und die Isar haben will, sollte einen kurzen Ausflug auf den **Kalvarienberg** mit der **Kalvarienbergkirche** nördlich des Zentrums machen. Oben steht die mächtige Heilig-Kreuz-Kirche aus dem 18.Jahrhundert, dazu die **Leonhardikapelle**, die in Gedenken an die Opfer beim Bauernaufstand 1705 im Jahr 1718 erbaut wurde. Heute wird der Kalvarienberg vor allem wegen der spektakulären Aussicht auf Bad Tölz und die Isar besucht.

Orts-porträt

Gediegene Fassaden im Zentrum von Bad Tölz

Die Marktstraße ist der zentrale Platz im Ort

Radlerpause an der Isar bei Wallgau

Tour 9

Länge 59 km

DIE SCHÖNSTEN SEITEN DES ISARTALS

Die Tour isaraufwärts von Bad Tölz bis Mittenwald bietet viele spektakuläre Berge, bleibt aber immer unten im Tal.

Der Isarradweg zählt zu den schönsten und beliebtesten Radtouren in Bayern. Vor allem der Abschnitt in den Bergen zwischen Bad Tölz und der Grenze zu Tirol bei Mittenwald begeistert mit eindrucksvoller Natur, kulturellen Höhepunkten und interessanten Geschichten. Die wenigen Höhenmeter lassen sich dank E-Bike locker absolvieren.

Was erwartet mich?

59 km, eine abwechslungsreiche Streckentour größtenteils auf dem Isarradweg entlang der Isar, teils auf Radwegen, teils auf Schotter oder ruhigen Nebenstraßen. Wegen der Abschnitte auf Schotterwegen sind gut profilierte Reifen empfehlenswert, Mountainbikes aber nicht notwendig.

Wie komm' ich hin?

ÖPNV:

Mit der Bayerischen Regiobahn von München bis Bad Tölz. Der Bahnhof in Bad Tölz ist barrierefrei.

Mit dem Auto:

Autobahn A95 oder A8 bzw. Bundesstraßen B13 oder 472. Parkmöglichkeiten im Zentrum zum Beispiel in der Bockschützstraße im Zentralparkplatz P3 direkt beim Radweg. ACHTUNG: keine direkte Zug-Verbindung vom Tourziel zurück nach Bad Tölz – nur über München.

Was muss ich sehen?

1. **Marktstraße**, Bad Tölz
2. **Kalvarienberg**, Bad Tölz
3. **Sylvenstein Stausee**
4. **Buckelwiesen**, Mittenwald
5. **Karwendelbahn**, Alpenkorpsstr.1, Mittenwald

Wo tank' ich auf?

Gasthaus Papyrer, Fleck 5, Lenggries

Gasthaus Post, Vorderriss 5, Lenggries

Posthotel, Dorfplatz 6, Wallgau

Café Obermarkt, Obermarkt 24, Mittenwald

Gasthof Alpenrose, Obermarkt 1, Mittenwald

Kartentipp: **ADFC Regionalkarte München/Alpenvorland**

TOURSTART

Wir starten in Bad Tölz am Bahnhof nach links, queren die Sachsenkamer Straße, am Ende rechts in die Gaißacher Straße und mit zwei Mal links Abbiegen über die Salzstraße ins Zentrum. Dann geht es über die schöne historische **1 Marktstraße** *hinunter zur Isar.*

Bad Tölz ist ein idealer Ausgangspunkt, wenn man mit dem Rad in die Berge will. Es ist mit dem Auto und öffentlichen Verkehrsmitteln gut erreichbar, und es liegt zentral am Rand der Berge rund um das Isartal. Und genau da verläuft einer der beliebtesten Fernradwege in Bayern, der in diesem Jahr in dem Abschnitt zwischen Bad Tölz und Lenggries erneuert wurde. Das ist genau unser erster Abschnitt.

Knapp 300 Kilometer ist der Isarradweg von der Mündung des Flusses im Karwendel unweit von Scharnitz bis zur Mündung in die Donau in Deggendorf in Niederbayern lang. Der mit Sicherheit in landschaftlicher Hinsicht spektakulärste Teil ist jener in den Bergen, also zwischen Bad Tölz und der Landesgrenze. Und das ist genau unser Programm. Nur eben flussaufwärts. Aber dafür haben wir ja E-Bikes.

Schöne Aussichten vom Kalvarienberg

Bad Tölz ist ein bayerischer Traditionsort. Früher lebte man hier von der Flößerei, vom Warentransport auf der Isar. Im Ort gab es einst gut 20 Brauereien, die das Bier in Tuffsteinhöhlen lagerten, bevor es nach München verkauft wurde. Dem Bullen von Tölz, alias Otfried Fischer, und seiner erfolgreichen TV-Serie ist ein eigenes Museum gewidmet. Man könnte sich ja für einen ersten Ausblick einen Abstecher hinauf zum **2 Kalvarienberg** gönnen – mit der Heilig-Kreuz-Kirche direkt über dem Zentrum. Die Aussicht hinein ins Isartal, eben unserer Route, ist grandios.

Weitere Informationen zu den Sehenswürdigkeiten in der Stadt finden Sie im **Ortsporträt Bad Tölz** (S. 80).

*Hinter der Brücke (**Wegepunkt ❶**) fahren wir in einem Rechtsbogen hinunter zur Isar und folgen den Schildern des Isarradweges südwärts. Wir queren die Bundesstraße B472. Der neu angelegte Radweg bis*

Auf dem Sylvenstein Stausee im oberen Isartal

Lenggries begleitet jetzt die Bundesstraße 13, die ja auch die Deutsche Alpenstraße ist und an der wir uns für einen Großteil der Tour orientieren. Gut zehn Kilometer sind es bis Lenggries.

Rechts sieht man schon von weitem das breite **Brauneckmassiv** und die dürren Masten der Seilbahn. Bekannt ist hier vor allem das Skigebiet am Brauneck, wo im Sommer auch gerne gewandert wird.

*Der Isarradweg hat die Berge erreicht, bleibt aber milde, was Höhenunterschiede angeht. Recht moderat radelt es sich von Lenggries zum Sylvensteinsee auf den folgenden 13 Kilometern. Der Radweg läuft anfangs links an der Straße, dann wieder rechts, und wieder links. Kurz nach Lenggries kommt man an einigen netten Badeplätzen vorbei. Aber später gibt es außer Wald (**Wegepunkt** ❷) nicht mehr viel zu sehen. Was sich aber bald ändern wird. Vor dem Staudamm am Sylvensteinsee wird es etwas steiler. Und das Schlussstück vor dem kurzen Tunnel an der Staumauer treibt den Puls etwas in die Höhe.*

Die Belohnung ist der herrliche Blick auf den 3 **Stausee**, für den Mitte der fünfziger Jahre das alte Dorf Fall aufgelassen wurde und im Wasser versank. Ein neues Fall ist weiter westlich aufgebaut worden. Der malerisch eingebettete Stausee und das breite Isartal, wo sich der Wasserlauf ganz archaisch durch die Ebene schlängelt, gehören zu diesem Epizentrum bayerischer Bergromantik. König Ludwig II. liebte die Gegend, Ludwig Thoma ist hier aufgewachsen und Ludwig Ganghofer verewigte es in seinem „Jäger von Fall".

Die Kapelle Maria Rast mitten in den Buckelwiesen

*Um zum neuen Ort Fall zu kommen, müssen wir 1,5 Kilometer auf der Straße radeln, dann über die Stauseebrücke, die rechts und links herrliche Aussichten bietet. Bei Fall können wir rechts auf den Radweg am Seeufer wechseln (**Wegepunkt ❸**), der ohne Autoverkehr wesentlich entspannter ist. Nach acht Kilometern erreichen wir Vorderriß und das romantische Gasthaus zur Post. An dieser Kreuzung fahren wir rechts über die Isar (**Wegepunkt ❹**).*

In einem Linksbogen führt die Straße weiter nach Hinterriss und in die Eng. Gute 25 Kilometer zieht sich die Straße hinein in das malerische Sacktal, das eine Tiroler Enklave ist, die nur über Bayern zu erreichen ist. Ganz hinten beim Großen Ahornboden mit Hunderten von Ahornbäumen, umrahmt von steilen Bergen und durchsetzt mit archaischen Almhütten, fühlt man sich wie im Ganghofer Heimatfilm.

Ab Vorderriss wartet nun auf uns die kurvige und teils schmale Mautstraße bis Wallgau – gut 14 Kilometer entlang der Isar, die sich hier auf recht natürliche Weise durch den breiten Talboden mäandert. Ein archaischer Anblick. Die Einheimischen nennen diesen Talabschnitt

*Little Canada. Bis nach Wallgau geht es sanft bergauf. Kurz vor dem Ort passieren wir die Mautstation (**Wegepunkt** ❺). Radler müssen hier nichts zahlen. Dann fahren wir vorbei am Golfclub und freuen uns über schöne Ausblicke Richtung Karwendel und Mittenwald.*

Wallgau ist ein kleiner, vom Tourismus geprägter Ort. Bekannteste Einheimische ist die ehemalige Biathletin Magdalena Neuner.

*Wir fahren am Posthotel vorbei und weiter auf der Bundesstraße in die Linkskurve (ACHTUNG: hier bitte nicht dem Isarradweg nach rechts folgen). Am Ortsausgang verlassen wir die Bundesstraße (**Wegepunkt** ❻), folgen der Straße schräg rechts Richtung Süden, fahren unter der Bundesstraße B2 durch und kommen in ein besonders schönes Gebiet kurz vor Mittenwald.*

Die Hütten auf den Buckelwiesen sind gefragte Fotomotive

Auf den 4 **Buckelwiesen** fährt es sich schön entspannt und abwechslungsreich. Die Topographie ist, wie der Name andeutet, recht hügelig aber ohne große Höhenunterschiede. Dazu passt auch links die Kulisse der mächtigen Karwendelspitze. Bald kommen wir an der Kapelle Maria Rast vorbei. Kurze Zeit danach erreichen wir die Goas Alm, ein beliebtes Ausflugsziel. Hier sind 60 Ziegen zuhause, die den

Reisemobilstellplätze an oder nahe der Route

Nachtparkplatz Fall,
Dürrachstraße, Fall
Lenggries Bergcamping,
Gilgenhöfe 4, Lenggries
Alpen-Caravanpark,
Tennsee 1, Krün
Wohnmobil Stellplatz Am Bahnhof,
Albert-Schott-Str. 35, Mittenwald

E-Bike Ladestationen an oder nahe der Route

Rathausplatz,
Lenggries
Altwirt,
Marktstr. 13, Lenggries
Rathaus,
Mittenwalder Str. 8, Wallgau
Posthotel,
Dorfplatz 6, Wallgau
Goas Alm,
Buckelwiesen 5, MIttenwald
Gasthof Alpenrose,
Obermarkt 1, Mittenwald

Rohstoff für feinen Ziegenkäse liefern. Von der Goas Alm ist es nicht mehr weit zu den ersten Häusern von Mittenwald.

Vorbei am Schmalensee radeln wir hinein nach Mittenwald. Über die Mühlfeld- und links Schöttkarstraße in die rechts Tiefkarstraße und rechts Dammkarstraße erreichen wir die Ortsmitte sowie den Mittenwalder Bahnhof – unser Tourziel.

Die Pfarrkirche in MIttenwald

Unser Orientierungspunkt ist der mächtige Turm der St. Peter und Paul Kirche. Dort beginnt der Obermarkt, das Herzstück des historischen Zentrums von Mittenwald mit der breiten autofreien Gasse und den bunten Hausfassaden mit den klassischen Lüftlmalereien. Ein paar Meter hinter der Kirche versteckt sich das Geigenbaumuseum und damit ein wichtiger Teil der Mittenwalder Geschichte. Das hat viel mit Matthias Klotz zu tun, der die lange Tradition des Geigenbaus hier Ende des 17.Jahrhunderts begründete. Klotz hatte

Abendstimmung im oberen Isartal

nicht nur Geigenbauer ausgebildet. Auch einige seiner neun Kinder wurden Geigenbauer. Heute gibt es noch gut zehn Geigenbauer und dazu die Staatliche Musikinstrumentenbauschule, wo man auch die Herstellung von Blasinstrumenten lernen kann. Eine andere Attraktion, für die Mittenwald berühmt ist, ist die 5 **Bahn** hinauf zur Karwendelspitze. Oben bei der Bergstation auf 2244 Metern Höhe gibt es neben der Gastronomie noch ein überdimensionales Fernrohr mit Lärchenholzverkleidung, das sieben Meter über den Abgrund ragt und einen spektakulären Ausblick bietet.

Weitere Informationen zu den Sehenswürdigkeiten in der Stadt finden Sie im **Ortsporträt Mittenwald** (S. 90).

In Mittenwald kann man nun die Rückreise natürlich mit dem Rad auf demselben Weg oder in einer Variante bis Bad Tölz antreten. Oder man fährt vom Bahnhof aus mit der Werdenfelser Bahn Richtung München, wenn man per Bahn von dort Richtung Bad Tölz gestartet ist.

Orts-porträt

MITTENWALD

Als Ziel einer Radtour entlang der Isar bietet Mittenwald perfekte Voraussetzungen. Nicht nur weil es auf Radwegen ohne große Berganstiege zu erreichen ist sondern auch weil es ein sehenswerter kleiner Ort mit viel Geschichte und Kultur ist. Das reicht von den Geigenbauern bis zu den Maschkera. Und die Natur bietet mit großen Gipfeln und kleinen Bergseen viele faszinierende Begegnungen.

Ein lebendiges Bilderbuch nannte Johann Wolfgang von Goethe den Ort Mittenwald, als er während seiner Italienreise 1786 dort Station machte. Das Haus am Obermarkt, in dem er logierte, heißt auch heute noch Goethehaus und beherbergt eine Apotheke. Die meisten Reisenden, die hier unterwegs sind, sehen freilich nicht viel von Mittenwald. Der traditionsreiche Ort auf knapp über 900 Metern Höhe kurz vor der Grenze zu Tirol versteckt sich neben der viel befahrenen Bundesstraße, hat deshalb auch kaum Durchgangsverkehr. Das freut ganz besonders die Radfahrer, die eine sehr viel schönere Anfahrt über die malerischen **Buckelwiesen** nördlich der Ortschaft genießen.

Die Kulisse ist jedenfalls schon bei der Anreise spektakulär. Rechts baut sich der **Kranzberg** auf, links ragen die hohen und steilen Felswände der **Karwendelspitze** in den Himmel. Die noch junge Isar trennt die Schnellstraße vom Ortszentrum. Mittenwald hat eine lange und vielfältige Historie und profitierte von seiner Lage an einem der wichtigsten Handelswege in den Alpen, der Augsburg mit Venedig verband. Das war die alte Römerstraße Via Raetia. Daran erinnert auch der Bozner Markt, ein großer Kunst- und Handwerksmarkt, der alle fünf Jahre stattfindet. Diese Handelsroute sollte bis weit ins Mittelalter noch sehr wirkungsvoll für den Ort sein. Bekannt ist Mittenwald vor allem für seine **Geigenbauertradition**. Ab dem Jahr 1684 war es vor allem Matthias Klotz, der den Geigenbau in Padua erlernte und dann in Mittenwald etablierte. Das ist eindrucksvoll

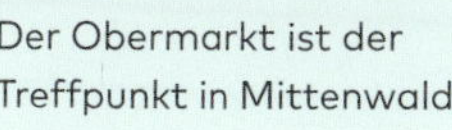
Der Obermarkt ist der Treffpunkt in Mittenwald

im **Geigenbaumuseum** in der Ballenhausgasse dokumentiert, wo rund 200 Instrumente ausgestellt sind und wo auch Vorführungen in der Schauwerkstatt angeboten werden. Und es gibt auch heute noch eine Geigenbauschule und ein Denkmal vor der Pfarrkirche, das an Matthias Klotz erinnert.

Nicht versäumen sollte man einen Spaziergang durch das **historische Zentrum** durch den Obermarkt vorbei an altehrwürdigen Bürgerhäusern mit den typischen Lüftlmalereien bis zur barocken **Stadtpfarrkirche St. Peter und Paul**. Dass die Mittenwalder Menschen mit einem besonderen Sinn für Tradition sind, das unterstreichen auch etliche eindrucksvolle Bräuche. Dazu gehören die **Maschkera** zur Faschingszeit, wo der Umzug durch den Ort mit zahlreichen Gruppen mit wilden Kostümen der Höhepunkt ist. Dabei haben diese Maskierungen auch einen historischen Hintergrund und sind von Ort zu Ort verschieden im Werdenfelser Land. Das wird hier recht ernst genommen, ebenso wie die Tracht, bei der es in fast jedem Ort konkrete Accessoires und Details gibt, auf die nicht verzichtet werden darf.

Historische Häuser gibt es auch in Nebenstraßen

Auch die Umgebung von Mittenwald ist sehr reizvoll. Wer mehr Zeit hat, kann von Mittenwald aus mit dem Rad oder auch mit dem Bus zum knapp drei Kilometer entfernten **Lautersee** fahren. An dem kleinen und malerisch gelegenen Bergsee gibt es einen Badestrand und mehrere Lokale. Früher wurde hier das Bier der Brauerei Mittenwald kühl gelagert. Der Bus fährt übrigens noch weiter bis zum kleineren **Ferchensee** auf der Straße, die Mittenwald mit Schloss Elmau verbindet, aber für den Autoverkehr gesperrt ist. Praktisch nebenan steht der **Kranzberg**, ebenfalls ein beliebtes Ausflugsziel, das nah am Ort ist und zu Fuß oder mit einem alten Sessellift erreicht werden kann. Mit dem Rad ist es eine recht sportliche Angelegenheit.

Typisch sind die bemalten Hausfassaden

Direkt neben der Bundesstraße auf der Ostseite des Ortes steht die Talstation der **Karwendelbahn**, mit der man bis auf 2244 Meter Höhe zum Gipfel der Karwendelspitze fahren kann. Dort oben empfängt einen eine spektakuläre Aussicht, ein Gasthaus und dazu das Natur-Informationszentrum, das wie ein riesiges Fernrohr aussieht.

Blick auf die Pfarrkirche in Rottach-Egern

Tour 10

Länge 21/45 km

RUND UM DEN TEGERNSEE

Eine ebenso gemütliche wie abwechslungsreiche Runde um einen der schönsten Seen am Nordrand der Alpen

Eine exklusive Adresse ist der Tegernsee, eine gute Autostunde südöstlich von München. Warum das so ist, das lässt sich am besten bei einer Radtour entlang der Seeufer erkunden. Eine Halbtagestour ohne sportliche Herausforderungen, die sich mit Badepausen, Einkehr und Sightseeing sowie einem optionalen Ausflug nach Wildbad Kreuth locker auf einen Tag ausweiten lässt. Überwiegend fährt man auf Radwegen, hat aber einige Passagen auf belebten Straßen.

Was erwartet mich?

21 oder 45 km, eine Runde, die rund um den See wenig sportliche Ansprüche stellt. An manchen Stellen ist der Weg etwas schmal und an Wochenenden gut frequentiert – vor allem in Tegernsee und bei Bad Wiesee. Der Abstecher zum historischen Wildbad Kreuth führt am Ende über eine Bergaufpassage auf Asphalt und einen flachen Abschnitt durch den Wald.

Wie komm' ich hin?

ÖPNV:
Bayerische Regiobahn, Bahnhof Gmund. Der Bahnhof ist über den Hintereingang barrierefrei mit Rampen zugänglich.

Mit dem Auto:
Autobahn A8 bis Ausfahrt Holzkirchen und auf der Bundesstraße B318 südwärts bis Gmund. Parkgelegenheiten direkt beim Strandbad (Seeglas 2).

Was muss ich sehen?

1 **Schloss Tegernsee mit Park**, Tegernsee
2 **Halbinsel Point**, Tegernsee
3 **Egerner Bucht**, Rottach-Egern
4 **Ringsee**
5 **Wildbad Kreuth**

Wo tank' ich auf?

Kaffeehaus Aran, Seestr.8, Tegernsee
Bräustüberl Tegernsee, Schlossplatz 1, Tegernsee
Sieben Hütten, Wildbad Kreuth
Fischerei Bistro, Überfahrtweg 15, Bad Wiessee
Gut Kaltenbrunn, Kaltenbrunn1, Gmund

Kartentipp: **ADFC Regionalkarte München/Alpenvorland**

TOURSTART

*Unsere Tour führt uns im Uhrzeigersinn um den See herum und verläuft direkt am Bahnhof vorbei. Autofahrer werden auf dem großen Parkplatz beim Strandbad (**Wegepunkt ❶**) fündig – beste Voraussetzungen also. Von Bahnhof Gmund aus fährt man zunächst rechts, auf der Tegernseer Straße über den Fluss Mangfall und auf dem Radweg Richtung Süden. Der Weg begleitet das Seeufer neben der Straße Richtung St. Quirin und Tegernsee. Ganz im Süden sieht man den breiten Gipfel des Wallbergs, dem berühmtesten Gipfel rund um den See.*

Berge und Seen, das ist eine Kombination, die für Radtouren eine besondere Faszination birgt. Wer den Tegernsee umradeln will, hält sich am besten an Gmund. Es ist der erste Ort direkt am Nordufer und ideale Ausgangsbasis. Man erspart sich den speziell an Wochenenden und zur Hochsaison starken Verkehr in Tegernsee und Rottach-Egern, findet beim Strandbad leicht Parkplätze und man muss sich nur entscheiden, in welcher Richtung die Runde verlaufen soll.

Es bleibt auf den ersten Kilometern recht flach. Man kann entspannt über den See schauen, wobei man sich auch auf den Verkehr auf dem relativ schmalen Radweg konzentrieren sollte. Nach gut vier Kilometern erreicht

Das Tegernseer Schloss war einst ein Kloster

*man mit Tegernsee den ersten größeren Ort. Rechts passiert man das Strandbad mit dem Wellnesstempel MonteMare (**Wegepunkt** ❷). Hier in Tegernsee muss man abschnittweise auf einen Radweg verzichten und fährt einige hundert Meter auf der meist stark befahrenen Straße. Links sieht man bald hinter der Tourist Information den Kurgarten.*

Dort befindet sich auch das **Olaf Gulbransson Museum**. Der berühmte Zeichner und Karikaturist lebte von 1929 bis zu seinem Tod 1958 am Tegernsee. Sein Wohnhaus war der Schererhof, etwas oberhalb der Ortschaft Tegernsee. Rechts sieht man die Schiffanlegestelle. Und nur wenige Meter danach bietet sich beim Kaffeehaus Aran ein schöner Platz für eine Pause an. Selbige könnte man auch wenige Meter weiter rechts im berühmten **Bräustüberl** einlegen. Das Bräustüberl ist ein legendäres Wirtshaus innerhalb der Anlage des **1 Schlosses Tegernsee** mit deftiger und erschwinglicher Küche und beliebt bei Einheimischen wie auch Touristen. Das weitläufige Schloss liegt wunderschön direkt am See und umgeben von einer großen Parkanlage. Das Herzogliche Schloss der Wittelsbacher war ursprünglich ein Kloster und soll im achten Jahrhundert gegründet worden sein. Nach der Säkularisation 1803 verfiel das Kloster und wurde 1817 von König Max I. Joseph übernommen, der es vom berühmten Baumeister Leo von Klenze zum Sommerschloss

Blick auf die Egerner Bucht

umgestalten ließ. Heute beherbergt das Schloss das Herzogliche Brauhaus, das erwähnte Bräustüberl und ein Gymnasium. Dazu gibt es noch die Pfarrkirche St. Quirin, die ehemalige Klosterkirche.

Nach dem Schloss geht es am Laden der Fischerei Tegernsee vorbei und dann ein kurzes Stück bergauf bis zur Orthopädischen Klinik. Direkt dahinter bietet sich ein sehenswerter Abstecher nach rechts an zum **2 „Point“**.

Auf einem breiten Schotterweg kommt man zu einem Aussichtspunkt auf einem Hügel samt Pavillon mit Blick auf die malerische **3 Egerner Bucht**, den Wallberg und etliche andere Gipfel. Fast kitschig schön. Dass es unten am Ufer ein lauschiges Bistro gibt, macht den Ort noch sympathischer. Im Sommer ein herrlicher Badeplatz mit Sandstrand.

*Nun ist es nicht mehr weit nach Rottach-Egern. Der Übergang scheint fast fließend. Vorbei am Fischereiverein und am Ruderverein überquert man den Fluss Rottach (**Wegepunkt 3**) und biegt bald rechts in die Seestraße ein.*

Es ist die Flaniermeile von Rottach-Egern mit edlen Geschäften und etlichen Lokalen. Hochwertig, aber auch ein wenig in die Jahre gekommen.

Rechts sieht man das Strandbad von Rottach-Egern. Sehenswert ist auch kurz danach auf der linken Straßenseite der Friedhof bei der alten Kirche St. Laurentius, wo neben Olaf Gulbransson auch Ludwig Thoma begraben ist. Thoma verbrachte seine letzten Lebensjahre am Tegernsee in einem Bauernhof oberhalb von Rottach-Egern, der heute der Stadt München gehört, aber nicht besichtigt werden kann.

*Unser Weg begleitet weiter die Egerner Bucht, dreht sich nach rechts und kommt vorbei am noblen Hotel Überfahrt, das bis vor kurzem ein Dreisterne-restaurant zu bieten hatte. Danach radeln wir weiter auf der Überfahrtstraße bis zur Friedensglocke, bis es nach der Linkskurve (**Wegepunkt ❹**) in der Ganghoferstraße weiter geht. Hier steht eine Luxusvilla neben der nächsten. Die Aussicht auf den gesamten See ist hier atemberaubend. Weiter geht es auf dem Radweg am Wasser entlang bis zum Ufer des Flusses Weißach (**Wegepunkt ❺**), der hier in eine Bucht des Tegernsees mündet.*

Diese Bucht ist der **4 Ringsee**, der auch ein beliebter Badeplatz ist. Die Fährhütte 14 ist ein schönes Lokal mit guter und auch nicht ganz billiger Küche. Nicht untypisch für den Tegernsee. Auf der anderen Seite der Weissach ist es nur noch ein kurzes Stück bis zum Ende des Ringsees und zu einer Hauptstraße.

Reisemobilstellplätze an oder nahe der Route

Wohnmobil Stellplatz Oedberg,
Angerlweber 3, Gmund
Campingplatz Wallberg,
Rainerweg 10, Weissach

E-Bike Ladestationen an oder nahe der Route

Cafe & Restaurant Seeglas,
Seeglas 1, Gmund
Medius Fitness,
Kurgarten 1, Tegernsee
Tourist Info,
Lindenplatz 6, Bad Wiessee

Für einen Abstecher nach 5 **Wildbad Kreuth** *führt der Weg entlang der Weißach südwärts vorbei am Wallberg und auf dem Radweg direkt nach Kreuth bzw. Riedlern. Dort folgt man weiter dem Weg entlang der Weißach, biegt links ab (**Wegepunkt** ❻) und fährt bergauf zum legendären* **Wildbad Kreuth**, *das unlängst zum Wellnesstempel umgebaut wurde. Danach geht es links bergab bis zur Fischzucht (**Wegepunkt** ❼) und dann auf der Schotterstraße entlang der Weißach sanft bergauf bis zur romantischen Einkehr in Siebenhütten. Auf demselben Weg kommt man wieder zurück nach Rottach-Egern und kann die Runde um den See fortsetzen.*

*Wir überqueren den Fluss (**Wegepunkt** ❺), fahren rechts und treffen auf die Wiesseer Straße, der wir nach rechts bis zum Ende des Ringsees folgen. Dort biegen wir rechts ab (**Wegepunkt** ❽) und fahren durch ein recht nobles Wohngebiet auf teils etwas verwinkelten Straßen immer in Seenähe Richtung Bad Wiessee. Auf dem Ringseeweg geht es vorbei an mehreren Badeplätzen, wir passieren den Söllbach und die Privatklinik Medical Park. Das Zentrum von Bad Wiessee durchqueren wir auf der Adrian-Stoop-Straße mit vielen Geschäften, Hotels und einigen Privatkliniken.*

Bad Wiessee hat eine über 100 Jahre währende Tradition als Kurort, was vor allem mit der Jod/Schwefel-Quelle zu tun hat, die der Niederländer Adrian Stoop 1909 entdeckte. Nach ihm wurde eine Hauptstraße im Zentrum benannt. Etliche Jahre war es recht still im Ort, der teilweise den Charme der sechziger und siebziger Jahre versprüht. Erst in den letzten Jahren kamen einige spektakuläre Projekte von Investoren ins Gespräch. Bekannt ist Bad Wiessee auch für die Spielbank, die vor einigen Jahren in einen Neubau nördlich des Ortes verlegt wurde.

*Der Radweg schlängelt sich nun durch den nördlichen Teil von Bad Wiessee vorbei am Jod-Schwefelbad und durch ein Waldstück, bis man die Straße Richtung Gmund erreicht (**Wegepunkt** ❾). Der Radweg folgt nun nach rechts der Straße und zieht vorbei an dem stattlichen Neubau der Spielbank auf der linken Straßenseite.*

Bis nach Gmund sind es nun noch gut drei Kilometer. Der Weg führt geradeaus nach Norden, teils durch Waldpassagen, teils am Seeufer entlang.

Das Alte Bad ist ein Gasthaus beim Wildbad Kreuth

Erste interessante Sehenswürdigkeit ist nach etwas mehr als zwei Kilometern das traditionsreiche **Gut Kaltenbrunn**. Den altehrwürdigen Gutshof gibt es seit dem 14. Jahrhundert. Ursprünglich gehörte er zum Kloster Tegernsee. 1822 erwarb ihn der bayerische König Max I. Joseph, der das Gut ausbauen ließ. Recht wechselhaft blieb auch die Geschichte in der Neuzeit. 1975 übernahm ihn die Schörghuber Unternehmensgruppe, die dort ein Luxushotel errichten wollte, was aber am Widerstand einer Bürgerinitiative scheiterte. Heute betreibt der Münchner Feinkosthändler Käfer ein nobles Restaurant mit Biergarten inklusive eines exzellenten Seeblicks. Blickt man von Kaltenbrunn links nach oben auf die steilen Uferhänge zum Ackerberg, sieht man eventuell einige weiße Wohnhäuser. In einem von drei ähnlich gestalteten Häusern lebte viele Jahre der Wirtschaftswunderkanzler Ludwig Erhard. Die drei Häuser entwarf der berühmte Architekt Sep Ruf. Bekannt ist Gmund auch für die Produktion von hochwertigem Papier. Das Unternehmen Gmund Papier steht etwas abseits nordöstlich von Gmund am Ufer der Mangfall.

Sehr viel näher liegt der Bahnhof von Gmund direkt an der Hauptstraße und dem Zentrum mit der kleinen Fußgängerzone. Und von dort ist es für die Radfahrer nicht mehr weit bis zum Parkplatz beim Strandbad.

Hier landen die Schiffe in Tegernsee

Tour 11 Länge 60 km

BERÜHMTE BERGE UND SEEN

Eine Runde um den Tegernsee und Schliersee

Wer von München aus Richtung Tegernsee und Schliersee startet, muss auf den Straßen mit reichlich Verkehr rechnen. Das kann man geschickt umgehen, indem man mit der Bahn anreist, sein eigenes Bike mitnimmt oder vor Ort eines leiht. Diese Tour kombiniert den Tegernsee mit dem Schliersee. Dazu fährt man mit der Bahn zum Tegernsee, radelt entspannt am See entlang, gemäßigt alpin durch die Berge bis nach Bayrischzell und dann neben der Deutschen Alpenstraße zum Schliersee. Unterwegs genießt man nicht nur die beiden malerischen Seen sondern auch viel Kultur und Brauchtum.

Was erwartet mich?

60 km, Streckentour auf anfangs flachen Wegen und dann stetig leicht bergauf und bergab auf Asphalt und Schotter über den Elendsattel nach Bayrischzell. Gut asphaltierte Wege, Schotterwege und dezent alpine Abschnitte wechseln sich ab, südlich von Bayrischzell geht es weitgehend gemütlich bis zum Schliersee.

Wie komm' ich hin?

ÖPNV:
Bayerische Regiobahn, Bahnhof Gmund. Der Bahnhof ist über den Hintereingang barrierefrei mit Rampen zugänglich.

Mit dem Auto:
Autobahn A8 bis Ausfahrt Holzkirchen und auf der Bundesstraße B318 südwärts bis Gmund. Parkgelegenheiten direkt beim Strandbad (Seeglas 2).

Was muss ich sehen?

1. **Schloss Tegernsee mit Park**, Tegernsee
2. **Halbinsel Point**, Tegernsee
3. **Egerner Bucht**, Rottach-Egern
4. **Rottach Wasserfälle**, Rottach-Egern
5. **Markus Wasmaier Freilichtmuseum**, Schliersee/Neuhaus

Wo tank' ich auf?

Kaffeehaus Aran, Seestr.8, Tegernsee

Bräustüberl, Schlossplatz, Tegernsee

Moni Alm, Sutten 42, Rottach-Egern

Sport Alm, Alpenstr.70a, Bayrischzell

Café Restaurant Huber, Krapfen 2, Bayrischzell

TOURSTART

*Vom Bahnhof am westlichen Ortsrand durchqueren wir das Ortszentrum und folgen dem offiziellen Radweg rund um den Tegernsee zunächst rechts, auf der Tegernseer Straße über den Fluss Mangfall und auf dem Radweg Richtung Süden vorbei am weitläufigen Strandbad am Ostufer. Autofahrer werden auf dem großen Parkplatz beim Strandbad (**Wegepunkt ❶**) fündig. Auf dem folgenden Abschnitt wird es zuweilen etwas eng und man muss teils für ein paar Meter auf der Straße fahren.*

Die erste Begegnung mit dem Tegernsee bietet Gmund am Nordufer. Der kleine Ort ist ideal als Start für diese Tour. Denn die An- und Abreise soll ja mit der Bahn geschehen. Und dann liegt einem der See hier regelrecht zu Füßen. Der Radweg rund um den See kommt direkt beim Bahnhof vorbei. Man kann also gleich einsteigen in die Tour.

Weiter geht es südwärts über St. Quirin, bis man die ersten Häuser der Ortschaft Tegernsee erreicht und am Strandbad rechts vorbei radelt.

Der Ort Tegernsee ist vor allem für das 1 **Schloss** der Wittelsbacher, des alten bayerischen Herrschergeschlechts, bekannt. In dem Schloss, das im späten 9. Jahrhundert als Kloster entstand, bis 1803 eine wichtige Benediktinerabtei war und dann zum Schloss umfunktioniert wurde, befindet sich nicht nur ein Gymnasium sondern auch das Bräustüberl, das berühmteste Wirtshaus am Tegernsee. Hier ist das Schloss Ziel vieler Tagesausflügler. Radler haben es leicht. Sie finden immer einen Parkplatz. Nur ein paar Meter entfernt im Kurgarten steht mit dem **Olaf-Gulbransson Museum** eine andere Tegernseer Institution. Der norwegische Maler und Zeichner lebte lange am Tegernsee und wurde mit seinen Arbeiten für das Satiremagazin Simplicissimus berühmt.

*Dass so viele Menschen diesen See abgöttisch lieben, versteht man besser, wenn man kurz danach bei der Klinik rechts über den Parkplatz zum **„Point“** fährt.*

Das ist ein 2 **Aussichtspunkt** auf einem Hügel samt Pavillon mit Blick auf die malerische Egerner Bucht, den Wallberg und etliche andere Gipfel. Fast kitschig schön. Mit dem Sandstrand und Bistro ist es nicht nur

für Radler eine beliebte Zwischenstation. Recht fließend ist der Übergang zum nicht minder noblen Nachbarort Rottach-Egern, dessen Schmuckstück die Seestraße ist. Die Flaniermeile entlang der Egerner Bucht befindet sich mit Luxushotels und teuren Geschäften und im weiteren Verlauf mit dem für sein Dreisternerestaurant bekannten Hotel Überfahrt in bester Seelage.

Unabhängig von einem kleinen Abstecher in die **[3] Egerner Bucht** *biegen wir im Zentrum in einer Rechtskurve von der Hauptstraße ab und fahren links in die Sonnenmoonstraße (****Wegepunkt*** *❷). Wir biegen links in die Feldstraße (****Wegepunkt*** *❸), am Ende rechts, die nächste links und gelangen so auf die Elmauer Straße. In Elmau biegen wir rechts ab (****Wegepunkt*** *❹) und an der nächsten Querstraße wieder rechts. Bald wird das anfangs weite offene Tal enger und es geht dezent aber kontinuierlich bergauf. Aber kein Problem mit E-Bikes. Es geht vorbei am Mauthäuschen, dann an den* **[4] Rottach Wasserfällen** *rechts, danach an der Talstation der Sutten Seilbahn, die im Winter die Skifahrer hinauf ins Spitzingsee Skigebiet bringt. Rechts steht mit der Moni Alm ein traditionsreiches Gasthaus. Kurz danach passiert man den kleinen Suttensee rechts und kommt zum Wechselpass. Hier endet der Bergaufabschnitt und es wird gleich deutlich gemütlicher. Für gute fünf Kilometer geht es gemütlich bergab bis zur Abzweigung der Straße links (****Wegepunkt*** *❺) Richtung Spitzingsee.*

Auf dem Weg zum Sutten kommen die Rottacher Wasserfälle

Am Ufer des Spitzingsees

Tipp: Ein Abstecher zum Spitzingsee führt links weiter und beträgt ca. 6 km bis zum Ufer des Sees. Wer mag kann auch die gesamte Tour über den Spitzingsee abkürzen – man fährt auf der Spitzingstraße am See vorbei und trifft bei Neuhaus auf die eigentliche Route (**Wegepunkt ❾**). Dabei entgeht einem jedoch einiges.

*Unser Weg führt nun rechts weiter, macht bald eine scharfe Linkskehre und verläuft stetig bergauf bis zum höchsten Punkt dieser Tour (**Wegepunkt ❻**). Der Elendsattel auf 1.154 Metern, der höchste Punkt der Tour, ist ein eher dezenter Übergang auf einem breiten Schotterweg und eine sehr beliebte Route für Mountainbiker und auch eher gemütliche Tourenradler. Danach lässt man sich hinunter durch den Elendgraben in das idyllische Kloo-Aascher-Tal rollen.*

Man sollte sich von den Namen nicht täuschen lassen. Es ist keine wirklich anstrengende Route. Und auf dem Weg nach Osten hinaus ins Kloo-Ascher-Tal genießt man wirklich die herrliche Natur und fährt über schöne flache Bergwiesen hinaus. Im Winter gibt es hier schöne Langlaufloipen. Im Sommer wird gewandert und geradelt.

*Gute sechs Kilometer sind es vom Elendsattel, bis man über eine weite, flache Wiese an die Straße kommt (**Wegepunkt ❼**), die Bayrischzell mit Tirol verbindet.*

Links sieht man den **Zipflwirt**. Das traditionsreiche Gasthaus wurde vor einigen Jahren aufwändig renoviert und nur kurzzeitig als Gasthaus geführt. Heute kann man hier stilvolle Zimmer und Ferienwohnungen mieten. Einkehren ist leider nicht möglich. Das muss bis Bayrischzell warten.

Dafür nehmen wir hinter dem Zipflwirt den Radweg, der sich links von der Straße, die am Wochenende eine beliebte Motorradstrecke ist, durch den Wald schlängelt. Anstrengend ist dieser Abschnitt nicht. Es verläuft recht gemütlich nordwärts für gut vier Kilometer bis Bayrischzell. Kurz vor Bayrischzell öffnet sich der Blick auf den Talkessel und auf flache Wiesen.

Dahinter baut sich der **Wendelstein** auf, ein markanter Gipfel mit einer Wetterstation und Sendeanla-

Das Gipfelmassiv des Wendelsteins

gen mit silbrig glänzenden Antennen. Ein beliebter Ausflugsberg, den man unweit von Bayrischzell mit einer Seilbahn erklimmen kann.

Der Radweg hält sich links vorbei am Minigolf- und Campingplatz. Wer hier eine Pause einlegen will, kann einen kurzen Abstecher ins Zentrum von Bayrischzell über die Seebergstraße machen. Dort gibt es auch reichlich Einkehrmöglichkeiten. Unser Radweg verläuft nun auf flachen Wiesen neben der Bundesstraße, die ja auch die Deutsche Alpenstraße ist, Richtung Osterhofen und nähert sich dort der Bahn.

In Osterhofen sieht man bereits die Talstation der Seilbahn hinauf zum Wendelstein, eine klassische große Gondel. Der Wendelstein ist 1838 Meter hoch. Oben kann man bei der Bergstation einkehren, die herrliche Aussicht erleben und dazu einen Ausflug in eine Schauhöhle machen. Dort ist es allerdings deutlich kühler als unten im Tal.

Unsere Tour führt unten im Tal weiter Richtung Schliersee. Gute zweieinhalb Kilometer radelt man an

Reisemobilstellplätze an oder nahe der Route

Campingplatz Tegernsee am Ödberg, Angerlweber 3, Gmund
Campingplatz Wallberg, Rainerweg 10, Weißach
Campingplatz Schliersee, Westerbergstr.27, Schliersee

E-Bike Ladestationen an oder nahe der Route

Seeglas, Seeglas 1, Gmund
Medius Fitness, Kurgarten 1, Tegernsee
Radsport Rebel, Miesbacher Str.14b, Schliersee
Tourist Information, Perfallstr.4, Schliersee

*der Straße entlang, bis der Radweg rechts abzweigt (**Wegepunkt** ❽) und nach links die Bahnlinie begleitet bis Hammer, dann links auf dem Bodensee-Königssee-Radweg bis Aurach verläuft und dort am Waldrand entlang führt bis Neuhaus. Es geht weiter quer durch das Wohngebiet bis zum Seeufer (**Wegepunkt** ❾) in Fischhausen. Dort hat man die Wahl, ob man links eine Runde um den See auf dem Radweg macht, der an Wochenenden auch gut frequentiert ist oder rechts neben der Straße entlang fährt.*

Letzteres kann man mit einem Besuch beim 5 **Freilichtmuseum** von Ex-Skistar Markus Wasmaier kombinieren. Zu dem Bauernhausmuseum gehören neben mehreren historischen Öfen auch eine Brauerei, ein Wirtshaus, Schmiede, Schreinerei und eine Dorfkapelle.

Weiter geht es am See entlang vorbei am großzügigen Strandbad von Schliersee hinein in den Ort. Das Ziel ist der Bahnhof von Schliersee, der sehr zentral und nur wenige Meter vom Seeufer entfernt liegt. Zurück nach

Das Nordufer des Schliersees ist eine weitläufige Parkanlage

Im Museum von Markus Wasmeier

Gmund bringt uns die BRB Bayerische Regiobahn mit Umsteigen in Holzkirchen.

Wer sich vor der Heimreise noch entspannen will, kann das in der **Vitalwelt Monte Mare** mit Hallenbad und Sauna direkt am See tun.

Breite Radwege gibt es beim Innspitz in Rosenheim

Tour 12 Länge 66 km

AUF DEM MANGFALLRADWEG NACH ROSENHEIM

Vom Münchner Zentrum hinaus aufs Land und entlang der Mangfall mit vielen Sehenswürdigkeiten

Abseits des Trubels radelt man aus der Stadt heraus und es beginnt eine gemütliche Landpartie, die man mit dem einen oder anderen Biergarten und reichlich Kultur unterbrechen kann. Und zurück kommt man rasch und bequem mit der Bahn von Rosenheim zurück zum Ostbahnhof in nur 30 Minuten.

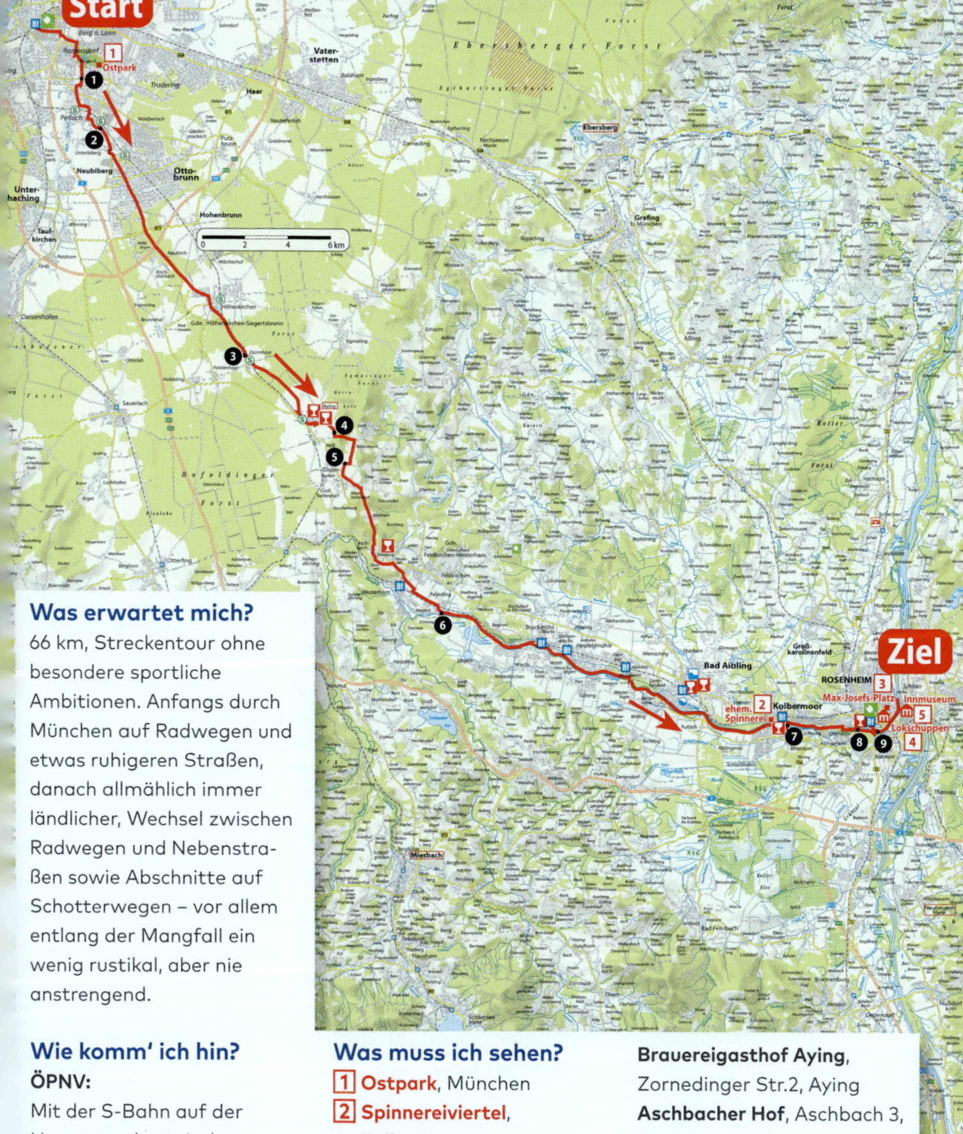

Was erwartet mich?

66 km, Streckentour ohne besondere sportliche Ambitionen. Anfangs durch München auf Radwegen und etwas ruhigeren Straßen, danach allmählich immer ländlicher, Wechsel zwischen Radwegen und Nebenstraßen sowie Abschnitte auf Schotterwegen – vor allem entlang der Mangfall ein wenig rustikal, aber nie anstrengend.

Wie komm' ich hin?

ÖPNV:

Mit der S-Bahn auf der Hauptstrecke zwischen Marienplatz und Ostbahnhof zur Station Ostbahnhof, barrierefreier Ausgang

Mit dem Auto:

Auf der Autobahn A8 oder A9 bis München, Parkmöglichkeiten rund um den Ostbahnhof.

Was muss ich sehen?

1 **Ostpark**, München
2 **Spinnereiviertel**, Kolbermoor
3 **Max-Josefs-Platz**, Rosenheim
4 **Lokschuppen**, Rosenheim
5 **Innmuseum**, Rosenheim

Wo tank' ich auf?

Ayinger Bräustüberl, Münchner Str.2, Aying
Brauereigasthof Aying, Zornedinger Str.2, Aying
Aschbacher Hof, Aschbach 3, Feldkirchen-Westerham
Venezia Eis, Bahnhofstr.18, Bad Aibling
Café Lotte, Kirchzeile 2, Bad Aibling
Stadtcafé Kolbermoor, Bahnhofstr.1, Kolbermoor
Giuseppe, Kunstmühlstr.12a, Rosenheim

Kartentipp: **ADFC Regionalkarte München/Alpenvorland**

Tour 12

TOURSTART

Unsere Tour beginnt in München am Ostbahnhof, der relativ leicht mit öffentlichen Verkehrsmitteln zu erreichen ist und wo es in der Umgebung auch reichlich Parkplätze gibt. Ideal ist es, wenn man von der Ostseite des Bahnhofs startet, dann spart man sich lästige Umwege auf stark befahrenen Straßen.

Die gesamte Tour ist als Mangfall-Radweg oder auch D11 ausgeschildert. Zunächst fahren wir von der Friedenstraße links auf der Grafinger Straße Richtung Osten. Nach etwa einem Kilometer erreichen wir den Mittleren Ring an einer großen Kreuzung, wo wir auf der gegenüberliegenden Seite rechts auf einem schmalen Weg an der Ludwig Thoma Realschule vorbei fahren und dann links in den Joseph-Hörwick-Weg einbiegen. Geradewegs geht es weiter mit der Verlängerung in die Kreuther-Straße, bis wir rechts den 1 **Ostpark** *umfahren. Am Südrand des Ostparks geht es auf den Adolf Bayer-Damm, an deren Ende wir die Ständlerstraße queren (**Wegepunkt** ❶) und an der Perlacher Sportanlage vorbei schließlich Alt Perlach erreichen. Über den Pfanzeltplatz kommen wir zur Neubiberger Straße, fahren auf der weiter südwärts, biegen links in die Wolframstraße ab bis zu einer weiteren Sportanlage. Auch diese Anlage umfahren wir auf der Ostseite, setzen die Tour fort in der Therese-Giehse-Allee bis zur Carl Wery-Straße (**Wegepunkt** ❷).*

Weitere Informationen zu den Sehenswürdigkeiten in der Stadt finden Sie im **Ortsporträt München** (S. 38).

*Nun geht es für ein längeres Stück in südöstlicher Richtung über Ottobrunn und weiter raus aus München. Es wird allmählich grüner, und wir kreuzen bald die Ostumgehung der Autobahn A 99 und landen in Höhenkirchen. Der kleine Ort hat schon fast etwas ländlichen Charakter. Nach Höhenkirchen bleiben wir weiter auf dem Weg entlang der Hauptstraße, kommen durch ein Waldstück bis nach Dürrnhaar, wo wir dann nach links die Straße verlassen (**Wegepunkt** ❸), und parallel zur Hauptstraße bis nach Aying fahren.*

Die nächste Ortschaft würde sich jetzt für eine Pause anbieten. Denn mitten in Aying gibt es mit dem **Bräustüberl**, der hiesigen Brauerei samt großem Biergarten, eine ideale Einkehrmöglichkeit. Schräg gegenüber steht noch der Brauereigasthof, der auch zur Brauerei gehört, eine deutlich noblere Variante. Aber

Der Ayinger Biergarten zieht auch viele Radler an

die Radler zieht es eindeutig mehr zum Biergarten, was auch die große Zahl der Fahrräder am Eingang dokumentiert.

*Von Aying fahren wir auf der Kaltenbrunner Straße hinaus über die Wiesen, erreichen die Passhöhe Graf Aygo (**Wegepunkt ❹**), die mit einem Schild mit 647 Metern ausgewiesen ist, durchqueren einen Wald und landen im kleinen Weiler Kaltenbrunn. Danach geht es südwärts bis Großhelfendorf, dort am Ortsrand gleich wieder links (**Wegepunkt ❺**) und weiter bis nach Aschbach.*

Der kleine Ort ist vor allem bekannt wegen der Aschbacher Höhe, wo es mit dem Aschbacher Hof ein traditionsreiches Ausflugslokal gibt und wo man eine herrliche Aussicht hat. Links vom Aschbacher Hof versteckt sich hinter den Bäumen nicht nur eine historische Turmruine, es gibt hier auch einige noble Villen, was darauf hinweist, dass das eine gefragte Wohngegend ist.

Wir wechseln nun auf die Südseite der stark befahrenen Staatsstraße 2078 und fahren bergab über Alten-

Reisemobilstellplätze an oder nahe der Route

Stellplatz Allianz Arena, Werner-Heisenberg-Allee 25, München

Wohnmobilstellplatz Therme Bad Aibling, Heubergstraße, Bad Aibling

Wohnmobilstellplatz Erlensee, Rosenheimer Str.63, Schechen

*burg und Oberreit bis nach Feldkirchen-Westerham. Genau genommen landen wir im Ortsteil Westerham und nähern uns allmählich dem Ufer der Mangfall. Im nächsten Ort Feldolling kommen wir nun direkt an das Ufer (**Wegepunkt ❻**) und fahren auf dem Radweg auf der linken Uferseite weiter bis Bruckmühl und Heufeldmühle. Hinter Heufeld wird es wieder etwas grüner, bis wir die ersten Häuser am Westrand von Bad Aibling erreichen.*

Es gibt einige gute Gründe, in Bad Aibling eine Pause einzulegen. Da wäre zum Beispiel die Aiblinger Therme in der Lindenstraße, die nicht weit entfernt ist. Eine andere Möglichkeit wäre es, über die Willinger Straße und die Sonnenstraße direkt ins Zentrum zu fahren. Das Herzstück von Bad Aibling ist der Marienplatz mit der Kirchzeile mit schönen Lokalen und Geschäften. Exzellentes Eis gibt es bei Venezia Eis in der Bahnhofstraße.

Aus der alten Spinnerei in Kolbermoor ist ein Nobelviertel geworden

*Zurück auf unserem offiziellen Mangfall-Radweg fahren wir Richtung Kolbermoor. Auf den nächsten drei Kilometern wird es wieder etwas grüner und ländlicher. In Kolbermoor folgen wir weiter der Mangfall bis zur Brücke (**Wegepunkt ❼**), wo man einen Abstecher links zum Gelände der **ehemaligen Spinnerei** machen könnte.*

Aus dem alten 2 **Industriestandort** ist ein ziemlich nobles Viertel mit Geschäften, Lokalen und Luxuswohnungen geworden.

*In Kolbermoor wechseln wir auf der Carl-Jordan-Straße nach links die Seite – vorbei am Friedhof, über den Mangfallkanal und gleich rechts (**Wegepunkt ❽**). Für den letzten Abschnitt bis Rosenheim folgen wir dem Radweg entlang des Mangfallkanals, kommen schließlich zur historischen Kunstmühle und fahren weiter auf*

Der Nepomuk Brunnen am Max-Josefs-Platz in Rosenheim

*dem ausgeschilderten Radweg. Bald erreichen wir die Stelle, wo Mangfall und Mangfallkanal wieder zusammenkommen (**Wegepunkt 9**), kreuzen das Gelände der ehemaligen Landesgartenausstellung und erreichen die Mündung der Mangfall in den Inn.*

Zentrale Sehenswürdigkeit von Rosenheim ist der historische 3 **Max-Josefs-Platz** mit vielen Lokalen und Geschäften. Nur wenige Meter sind es in der Rathausstraße bis zum 4 **historischen Lokschuppen**, einem sehenswerten Ausstellungsort. Macht man noch einen Abstecher zur Innbrücke, erfährt man auch im 5 **Innmuseum** viel über die Geschichte der Stadt.

*Um zum Bahnhof zu gelangen, fahren wir zurück zum **Wegepunkt 9**, geradeaus weiter, um das Industriegelände herum und ein Stück nach links zur Unterführung.*

E-Bike Ladestationen an oder nahe der Route

iCampus Rhenania,
Friedenstraße 22, München
Plaza,
Grafinger Str. 29, München
Bienenlehrpfad,
Schöne Aussicht 9, Feldkirchen-Westerham
Bahnhof Rosenheim,
Südtiroler Platz, Rosenheim
Tourist Info,
Hammerweg 1, Rosenheim

Auf dem Max-Josefs-Platz in Rosenheim

Tour 13 Länge 45 km

LANDPARTIE VON ROSENHEIM ZUM CHIEMSEE

Ruhige Wege und schöne Aussichten auf dem Weg zum bayerischen Meer

Von München aus einen Radausflug zum Chiemsee – eine schöne Idee. Aber ein weiter Weg. Warum nicht mit der Bahn oder dem Auto bis Rosenheim? Und dann eine entspannte Halbtagestour durchs beschauliche Voralpenland zum malerischen Südwestufer mit Blick auf Herrenchiemsee. Die Bahn bringt uns von Prien wieder zurück nach Rosenheim.

Was erwartet mich?

45 km, eine Streckentour teils auf Schotterradwegen, Nebenstraßen und asphaltierten Radwegen – bis Aschau im Chiemgau fast nur flach zu radeln, danach etwas hügelig.

Wie komm' ich hin?

ÖPNV:
Bahnhof Rosenheim, barrierefrei

Mit dem Auto:
Autobahn A8 bis Ausfahrt Rosenheim, Parkmöglichkeiten am Bahnhof und in der nahen Gießereistraße im Parkhaus.

Was muss ich sehen?

1 **Max-Josefs-Platz** in Rosenheim

2 **Badestrand Felden**

3 **Zentrum von Prien** am Chiemsee

Wo tank' ich auf?

Gasthof Stockhammer, Max-Josefs-Platz 13, Rosenheim

Café Pauli, Höhenberg 3, Aschau

Badestrand Felden

Zum Fischer am See, Harrasser Str.145, Prien am Chiemsee

Kartentipp: **ADFC Regionalkarte Chiemgau**

TOURSTART

*Vom Bahnhof und auch vom Max-Josefs-Platz in der Innenstadt sind es durch die Bahnhofstraße, Münchner Straße, rechts Rathausstraße , links Mangfallpark Süd (**Wegepunkt ❶**) und rechts Innstraße nur ein paar hundert Meter zum westlichen Innufer, wo wir auf den Innradweg treffen.*

Rosenheim ist für Radausflüge eine wirklich gute Adresse. Nicht nur weil sich hier der Innradweg und der Mangfallradweg kreuzen, sondern auch weil man hier einen idealen Ausgangspunkt für Touren in verschiedenste Richtungen hat. Zum Beispiel zum Chiemsee, der nur gute 25 Kilometer entfernt ist. Aber wir wählen nicht den kürzesten Weg, sondern einen etwas verschlungenen und so auch besonders reizvollen mit 45 Kilometern Länge.

Bevor wir uns vom Bahnhof aus auf den Weg zum Inn und zum Innradweg machen, sollte man sich noch etwas Sightseeing gönnen. Zum zentralen **1 Max-Josefs-Platz** mit seiner historischen Architektur sind es nur ein paar hundert Meter. Nicht weit entfernt ist auch der ebenfalls **historische Lokschuppen**, wo früher auch der Bahnhof stand und der Schauplatz attraktiver Ausstellungen ist. Wer sich vorab in einem typischen Gasthaus stärken will, ist beim **Stockhammer** am Max-Josefs-Platz bestens aufgehoben. Vielleicht sollte man sich den Schweinsbraten mit Knödel aber eher für das Ziel aufheben.

Der Rosenheimer Lokschuppen ist ein gefragter Ausstellungsort

*Wir folgen dem Innradweg nach rechts schnurgerade, fahren vorbei am Happinger Ausee, einem beliebten Badesee, bis man auf die Autobahn A8 stößt. Auf der Südseite nach der Unterführung kann man auf einem Fußweg auf das Ostufer wechseln (**Wegepunkt ❷**). Dann geht es parallel zur A8 auf einer asphaltierten Straße durch den Wald und über flache Wiesen bis Rohrdorf. Im (rechts) Zentrum biegen wir links in die Bahn-*

Blick ins Priental Richtung Sachrang

*hofstraße ab (**Wegepunkt ❸**) und treffen hier auf den Bodensee-Königssee-Radweg. Wir folgen den Schildern nach rechts, vorbei an der Oro Obstverwertung und immer geradeaus durch den Wald weiter bis Achenmühle. Am Ende der Waldpartie hinter Achenmühle kreuzt man eine Straße (**Wegepunkt ❹**) und fährt die letzten 2,5 Kilometer schnurgerade bis Frasdorf.*

Nun geht es auf der Hauptstraße durch den Ort und am anderen Ende rechts sanft bergauf an der Tankstelle vorbei auf einem Radweg Richtung Aschau. Ein wenig bergauf und bergab durch den Wald, dann öffnet sich der Blick auf den weiten Talkessel von Aschau mit perfektem Blick auf die Kampenwand.

Absolute Postkartenidylle finden wir mit Aschau in der Mitte und dem breiten, gezackten Gipfelmassiv der Kampenwand, dem Hausberg von Aschau. Im Sommer besuchen ihn Wanderer und Biker. Im Winter gibt es einige wenige sportliche Pisten. Und das ganze Jahr über eine recht nostalgische Seilbahn.

Weiter geht es ganz entspannt auf dem schönen Radweg links der Straße bis zum Ortsrand und ins Zentrum zur stattlichen Pfarrkirche mit den zwei mächtigen Türmen.

Direkt daneben steht die Residenz des unlängst verstorbenen Starkochs Heinz Winkler. Aschau ist schon ein durchaus nobler Ort. Das bezeugen auch die stattlichen Villen entlang des Ufers der Prien bis hin zur **Burg Hohenaschau** im Süden der Stadt, die man übrigens auch besichtigen kann. Unser Weg führt aber weiter Richtung Nord-Osten.

Reisemobilstellplätze an oder nahe der Route

Alpen Camping Aschau, Bernauer Str.1, Aschau

Camping Mariengrund, Priener Str. 42, Bernau

Wohnmobilhafen Felden, Bernau

E-Bike Ladestationen an oder nahe der Route

Bäckerei Weber, Schulstr.2, Frasdorf

Eisdiele Dotta, Aschauerstr.11, Bernau

Chiemseepark Felden, Bernau

*Beim Kreisverkehr in Aschau (**Wegepunkt 5**) fahren wir Richtung Bernau, dann an der Klinik vorbei und biegen in einer Rechtskurve in die Höhenbergstraße ab. Nach wenigen Metern fahren wir an der Gabelung rechts und sehen bald vor uns auf einem weiten Hang das Café Pauli, ein beliebtes Ausflugslokal.*

Am Fuße des Hanges gibt es rechts noch ein kleines nostalgisches Schwimmbad, also ein Platz wie geschaffen für eine Pause. Ein erfrischendes Bad, dann Kaffee und Kuchen oben auf der Terrasse, so sieht Genussradeln in Oberbayern aus, inklusive eines herrlichen Bergpanoramas mit Kampenwand und in der Ferne etliche Tiroler Gipfel.

*Die nächsten Kilometer verlaufen durch eine wirklich idyllische Gegend, sanft hügelige Wiesen und beschauliche kleine Bauerndörfer rechts und links der Autobahn. Nachdem wir die A8 gekreuzt haben, treffen wir hinter Pfaffing auf den Salinenradweg und folgen diesem sofort nach rechts (**Wegepunkt 6**). Schließlich landen wir in Bernau an der Hauptstraße (**Wegepunkt 7**) und fahren rechts bis zur zentralen Kreuzung. Hier kreuzen sich zwei Radwege und wir folgen dem Bodensee-Königssee-Radweg nach links schließlich über die Autobahn direkt zum* **Strand** *in Felden.*

Da ist er nun, der Chiemsee. Und zwar in voller Pracht. Großzügige **2 Strandflächen**, mehrere Lokale und Radverleiher schaffen ein echtes Freizeitparadies. Vom Ufer aus hat man einen herrlichen Blick auf den See, direkt hinüber zu Herrenchiemsee und links nach Prien, unserem Ziel. Die weitläufige Freizeitanlage, eingerahmt von mehreren Privatkliniken, ist ein idealer Ort für eine ausgiebige Pause. Früher war das Terrain ein Recreation Center der amerikanischen Armee. Wer einen wirklich ausgiebigen Radausflug vorhat, der kann hier auf den Radweg rund um den Chiemsee wechseln und hat dabei die Wahl, ob es rechts gegen den Uhrzeigersinn Richtung Feldwies und Chieming oder links Richtung Prien gehen soll.

Auf dieser Tour steht nun der letzte Abschnitt bis nach Prien auf dem Programm. Dazu folgen wir dem ausgeschilderten Chiemsee Radweg nach links. Nach einer längeren, flachen Geraden wird es etwas kurviger, schlängelt sich der Weg in Ufernähe durch Waldpassagen.

Unterwegs begegnet man einem Chiemsee Geheimtipp. Beim Schöllkopf gibt es eine große **Liegewiese** direkt am Strand, dazu einen kleinen Imbiss auf der Seeseite des alten Bauernhofs. Hier kann man besonders entspannt das Leben am See genießen.

*Weiter geht es dann in Ufernähe Richtung Norden. Man kommt beim beliebten Restaurant Zum Fischer am See (**Wegepunkt** ❽) vorbei und radelt dann an der Harrasser Straße entlang, vorbei an einer Klinik, am Yachthotel und sieht auf der anderen Straßenseite etliche gediegene Landhäuser. Die Gegend hier gehört zu den besseren und entsprechend teuren Wohnvierteln am Chiemsee. Wir kommen bald zu einem großen Parkplatz (**Wegepunkt** ❾) auf der rechten Seite, der zur Schiffsanlegestelle in Prien-Stock gehört.*

Schloss Herrenchiemsee: Versailles auf bayerisch

Hier könnte man auch einen Ausflug mit dem Schiff zu einer der Inseln auf dem Chiemsee anfügen. Räder sind da allerdings weniger sinnvoll. Die müsste man vor Ort deponieren.

Der letzte Abschnitt führt nun links auf der Seestraße ziemlich geradeaus ins Zentrum von Prien am Chiemsee. Gute zwei Kilometer ist der letzte Abschnitt lang. Kurz nach der Bahnunterführung erreicht man links die Bahnhofstraße und dort nach wenigen Metern den Bahnhof von Prien. Von hier aus gibt es sehr gute, in der Regel fast stündliche Bahnverbindungen nach Rosenheim – die Fahrtzeit beträgt knapp 20 Minuten.

Neben dem **Schloss Herrenchiemsee** und der verzaubernden Fraueninsel hat auch das **3 Zentrum von Prien** einiges für einen entspannten Ausklang der Tour zu bieten. Hier gibt es noch etliche Geschäfte und Lokale für eine finale Einkehr.

Die Aschauer Kirche über dem Ufer der Prien

Tour 14 Länge 57 km

VOM CHIEMSEE INS BERGSTEIGERDORF

Kurze und wenig anstrengende Tour vom Chiemsee ins Priental bis zum Bergsteigerdorf Sachrang und zurück

Von einer kleinen Bucht, einem der romantischsten Plätze am Chiemsee, geht es bei dieser Tour nach Süden Richtung Berge. Über Prien und Aschau radelt man sehr sanft bergauf und folgt dabei dem Ufer der Prien. Unterwegs begegnet man einigen interessanten Sehenswürdigkeiten und fährt dabei überwiegend auf Radwegen und Nebenstraßen. Typische Einkehrmöglichkeiten gibt es entlang der Strecke genug. Zurück geht es entweder auf demselben Weg oder man kombiniert das auch mit kleinen Umwegen entlang des Chiemsees.

Was erwartet mich?

57 km, eine Rundtour, zum Teil auf dem Prienradweg und auf Nebenstraßen mit kleinen Höhenunterschieden bis nach Aschau. Bis zum Zwischenzielort Sachrang anfangs auf Nebenstraßen, dann hauptsächlich auf asphaltierten Radwegen. Trotz dezenter Steigungen bis Sachrang insgesamt eine entspannte Tour.

Wie komm' ich hin?

ÖPNV:

Mit der Bahn bis zum Bahnhof Prien am Chiemsee – der Bahnhof ist barrierefrei.

Mit dem Auto:

Von München auf der Autobahn A8 bis zur Ausfahrt Prien am Chiemsee, dann rund vier Kilometer nach Norden bis Prien. Parkmöglichkeiten gibt es beim Strandbad Rimsting, Westernach 6.

Was muss ich sehen?

1 **Schafwaschener Bucht** mit Naturbeobachtungsstation

2 **Dorfzentrum Sachrang**

3 **Müllner-Peter-Museum**, Müllner-Peter-Weg 3, Sachrang

4 **Ölbergkapelle** bei Sachrang

Wo tank' ich auf?

Kiosk, Strandbad Schafwaschener Bucht

Café Pauli, Höhenberg 3, Aschau

Gasthof Kampenwand, Bernauer Str.1, Aschau

Hotel Gasthof zur Post, Dorfstr. 7, Sachrang

Müllner Alm, Sachrang

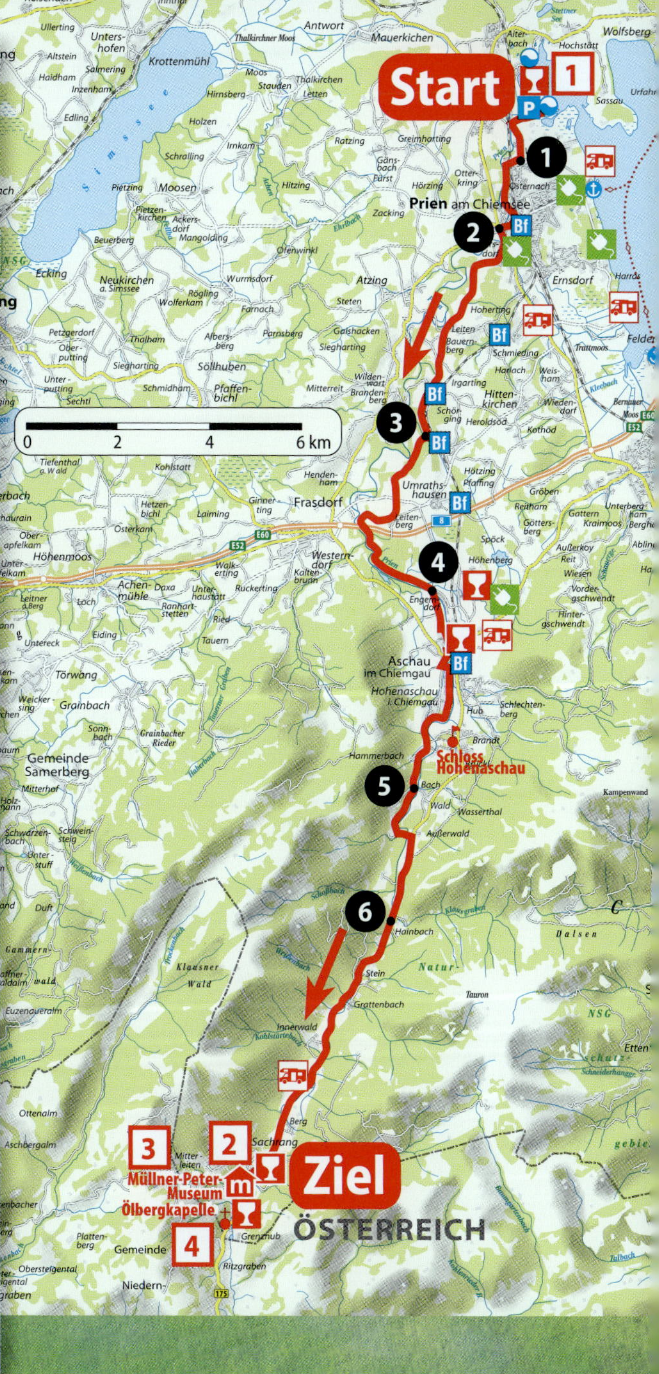

Kartentipp: **ADFC Regionalkarte Chiemgau**

Tour 14

TOURSTART

*Vom Strandbad aus fahren wir landeinwärts am Parkplatz vorbei, biegen bald links in die Weidachstraße ein und befinden uns schon auf dem Primtalradweg. Wir queren den Ortsteil Westernach, fahren durch ein Wohngebiet, biegen rechts in die Neugartenstraße ab (**Wegepunkt** ❶) und begleiten den Lauf der Prien. Der Weg führt an einer Wiese vorbei, dann links am Friedhof entlang, bis man im Zentrum von Prien direkt neben der Pfarrkirche ankommt. Wir fahren rechts in die Alte Rathausstraße bis zur abknickenden Vorfahrt vor der Prienbrücke und biegen links in die Beilhack Straße ab (**Wegepunkt** ❷).*

Der offizielle Startplatz dieser Tour befindet sich etwas außerhalb von Prien am Chiemsee. Und das hat gute Gründe. Die 1 **Schafwaschener Bucht** liegt nur wenige Kilometer nördlich von Prien am Chiemsee am Ortsrand von Rimsting. Ein idyllischer Platz mit eleganten Villen und reizvollen Badeplätzen. Hier hat man auch gute Parkmöglichkeiten, und hier starten wir unsere Tour. Wer mit der Bahn anreist, kann vom Bahnhof aus abkürzen und wenige Meter westwärts in die Alte Rathausstraße radeln und kommt so auf die Strecke.

Dort geht es an schönen alten Villen und einer ehemaligen Spielkartenfabrik vorbei. Wir sind hier in einem alten, fast nostalgischen Teil am Westrand von Prien.

*Die Verlängerung ist die Bauernberger Straße, auf der wir das Wohngebiet verlassen, bald einen Waldrand erreichen und südwärts radeln bis zum Golfclub. Auf diesem Abschnitt sind einige kurze Anstiege zu absolvieren. Schließlich erreichen wir Vachendorf und begleiten die Bahnlinie nach rechts zwischen Prien und Aschau für ein kurzes Stück. Vor dem Weiler Giebing biegt der Weg rechts in den Wald ab (**Wegepunkt** ❸) und landet bald in dem kleinen Dorf Leitenberg, das recht idyllisch ein Stück nördlich der Autobahn A8 liegt. Und genau die müssen wir queren. Dazu halten wir uns rechts, fahren über eine Wiese bis zum Ufer der Prien, dem wir nach links weiter folgen. Es geht unter der Autobahn durch und weiter mit einigen Waldpassagen nach Süden. Kurz vor Aschau verlassen wir die Prien (**Wegepunkt** ❹) für einige hundert Meter, kommen dann wieder zum Ufer und fahren durch das Wohngebiet bis zur Hauptstraße bei der Brücke über die Prien. Hier folgen wir der Straße hinauf zur Kirche und zur Residenz des einstigen Starkochs Heinz Winkler.*

Tour 14

Die Kampenwand ist der Hausberg von Aschau

Wir sind hier im Zentrum des beliebten Urlaubsortes. Direkt durch Aschau fließt die Prien. Darüber thront der Hausberg und die Kampenwand. Der Ort teilt sich auf in Aschau und Hohenaschau rund um die Burg.

Eine kurze Abfahrt, dann links und gleich wieder rechts in die Zillibillerstraße. Hier queren wir ein sehr traditionelles Wohngebiet direkt neben der Prien und erblicken bald die Burg Hohenaschau. Wir fahren durch die Cramer-Klett-Straße vorbei an Parks und eleganten Villen bis zur Zellerhornstraße.

Kampenwandbahn und Burg sind zwei Aschauer Attraktionen

Hier könnte man über die Schloßbergstraße links einen Abstecher zur **Burg Hohenaschau** machen. Die Burg wurde im späten 12. Jahrhundert erbaut, war im Besitz verschiedenster Adelsgeschlechter, wurde entsprechend oft umgebaut und ist heute im Bundesbesitz. Sie wird vor allem durch das Sozialwerk der Bundesfinanzverwaltung genutzt, man kann aber die Räumlichkeiten im Rahmen von Führungen besichtigen. Außerdem gibt es im Außenbereich eine Falknerei.

*Der Prientalweg folgt weiter der Zellerhornstraße, biegt dann in einen ansteigenden Schotterweg hinauf zur Kettenbrücke, wo es danach bergab geht bis Bach. Dort biegt man vor der Brücke rechts ab (**Wegepunkt** ❺) und hat dann einen entspannten Abschnitt auf einer asphaltierten Straße.*

Links von unserem Weg thront unübersehbar die **Kampenwand**. Der 1669 Meter hohe Ausflugsberg kann von Hohenaschau mit einer antiquierten Seilbahn bezwungen werden. Oben gibt es schöne Höhenwege zu bewirtschafteten Almhütten. Der Gipfel selbst ist nur etwas für Kletterer.

Reisemobilstellplätze an oder nahe der Route

Camping Harras, Harrasser Str. 135, Prien am Chiemsee

Camping Hofbauer, Bernauer Str. 110, Prien am Chiemsee

Wohnmobilstellplätze Prienavera, Seestr. 127, Prien am Chiemsee

Wohnmobilpark Alpen Camping, Bernauer Str. 46, Aschau

Siglhof, Huben 1, Sachrang

E-Bike Ladestationen an oder nahe der Route

Hafengelände Prien-Stock, Prien am Chiemsee

Yachthotel, Harrasser Str. 49, Prien am Chiemsee

Tourismusbüro, Alte Rathausstr. 11, Prien am Chiemsee

Radverleih Aschau, Innerkoy 5, Aschau

*Das Priental wird allmählich immer enger. Der Radweg folgt bald direkt der Straße durch das Tal. Beim Wanderparkplatz in Hainbach (**Wegepunkt ❻**) wechselt der Weg auf die östliche Straßenseite. Der Radweg folgt weiter dem Lauf der Prien, wendet sich bei Innerwald kurz von der Straße ab. Wir kommen unserem Ziel immer näher. Und die Enge des Tals wechselt in ein breites und offenes Gelände. Bald erkennt man rechts der Straße die Konturen von Sachrang mit dem markanten Kirchturm. Auf der Höhe des Wanderparkplatzes links biegt rechts die Zufahrtsstraße nach Sachrang ab.*

Viele alte Bauernhäuser und nostalgische Wohnhäuser schmücken die **2 Dorfmitte**, wo es einige Lokale und einen Dorfladen gibt. Die bekannteste Sehenswürdigkeit ist das ehemalige Schulhaus mit dem **3 Müllner-Peter-**

Beliebter Radlertreff: Gasthof Post in Sachrang

Bayerische Dorfidylle in Sachrang

Museum im Dachgeschoss. Besagter Müllner Peter hieß eigentlich Peter Huber, war neben seinem Beruf als Müller noch Lehrer und Musiker, dazu eine Art Naturheiler, unterhielt eine eigene Apotheke und interessierte sich für Astronomie. Berühmt wurde seine wertvolle Notensammlung. Über sein Leben wurde ein Buch geschrieben und in den siebziger Jahren eine TV-Serie gedreht. Eine kulturelle Sehenswürdigkeit ist die 4 **Ölbergkapelle** nicht weit von der ehemaligen Grenzstation. Die 1732 erbaute Kapelle gilt als kulturelles Kleinod und ist Ziel von regelmäßigen Wallfahrten.

Zurück an den Chiemsee geht es dann wieder auf dem selben Weg. Von Aschau aus könnte man mit der Bahn bis Prien fahren. Fahrradmitnahme ist begrenzt möglich und gratis.

Die Seen bei Reit im Winkl sind mit dem Rad gut erreichbar

Tour 15

Länge 26 km

DREI BERGSEEN BEI REIT IM WINKL

Chiemgauer Bergromantik mit idyllischen Badeseen von Reit im Winkl aus mit leichter und etwas sportlicher Variante

Bei diesem Ausflug in die Chiemgauer Bergwelt von Reit im Winkl zu den malerischen Bergseen entlang der Straße nach Ruhpolding kann man zwischen einer sanften, fast ebenen Version und einem Ausflug zur Pötschalm mit maßvollen Höhenunterschieden wählen. Kombinieren lässt sich das mit einer Badepause an einem von drei herrlich gelegenen Bergseen.

Was erwartet mich?

26 km, eine Rundtour, für die man zwei Optionen hat. Eine leichte Version nur im Tal. Oder eine etwas sportlichere mit einem überschaubaren Ausflug zu einer traditionsreichen Almhütte. Gefahren wird überwiegend auf Radwegen und Forststraßen in unterschiedlichem Zustand von breit und bequem bis zu schmal und etwas ansteigend. Letzteres ist aber mit E-Bike kein Problem. Wer die steilere Variante wählt, sollte mit einem E-MTB unterwegs sein. Für die leichte Version reicht ein Tourenrad mit griffigen Reifen. Eine ansonsten gemütliche Halbtagestour, die man mit einer Badepause gut kombinieren kann.

Wie komm' ich hin?

ÖPNV:
Mit der Bahn von München bis Bernau. Dort weiter mit dem RVO Bus 9505 nach Reit im Winkl. ACHTUNG: ohne Radtransport. Leihräder gibt es vor Ort in Reit im Winkl (www.reitimwinkl.de).

Mit dem Auto:
Autobahn A8 von München bis zur Ausfahrt Bernau/Prien, dann über Grassau und Marquartstein auf der B305 bis Reit im Winkl. Parkmöglichkeiten bei der Tourist Information.

Was muss ich sehen?

1 **Weitsee / Mittersee / Lödensee**

2 **Heimatmuseum**, Reit im Winkl

3 **Skimuseum**, Reit im Winkl

Wo tank' ich auf?

Pötschalm, Reit im Winkl

Mitterseehütte, Mittersee, Ruhpolding

Dorf-Stadl, Rathausplatz 4, Reit im Winkl

Tour 15

TOURSTART

Beim Start in Reit im Winkl stehen zwei Versionen zur Wahl. Die leichtere Variante bleibt im Tal, führt neben der Bundesstraße auf dem Radweg nach Seegatterl, macht dann eine Runde um die drei Seen Weitsee, Mittersee und Lödensee und führt auf demselben Weg wieder zurück.

*Wir haben uns die etwas schwerere Strecke vorgenommen mit einem kurzen Almausflug zur Pötschalm. Wir starten in Reit im Winkl bei der Tourist Information, fahren auf der Bundesstraße ein kurzes Stück von rund 500 Metern Richtung Marquartstein, biegen dann bei einer Autowerkstatt rechts ab (**Wegepunkt ❶**) und fahren auf dem breiten Weg Richtung Pötschalm, die auch beschildert ist.*

Rauf zur Pötschalm.
Mit dem E-Bike kein Problem

Reit im Winkl gehört zu den bekanntesten und beliebtesten Feriendomizilen in den oberbayerischen Bergen. Der Ort liegt ja auch sehr idyllisch direkt an der Grenze zu Tirol in einem weiten, sonnenreichen Talkessel umrahmt von stattlichen Berggipfeln. Gerade diese Topographie macht es auch möglich, rund um den Ort leichtere Radtouren zu unternehmen.

*Es kommt nun ein etwa 2,5 km langer Abschnitt, bei dem man auf dem breiten und gut ausgebauten Forstweg eher sanft bergauf fährt und dabei von einem kleinen Gebirgsbach, dem Alzbach, begleitet wird. Nach etwa zehn Minuten kommt eine Lichtung und man sieht direkt davor die Pötschalm (**Wegepunkt ❷**), eine sehr ursprüngliche Almhütte mit Bewirtung. Wir sind hier jetzt auf knapp 900 Metern Höhe, dem höchsten Punkt unseres Ausflugs. Weiter geht es dann auf dem Weg über die Almwiesen, dann nach einem Gatter wieder in den Wald hinein, wo dann die Abfahrt zum Weitsee folgt. Dieser Wegabschnitt ist etwas schmaler, und man sollte behutsam weiter fahren. Aber mit dem E-Mountainbike mit guten Reifen ist das kein Problem.*

Gerade für die Bergabfahrt empfiehlt es sich, den Sattel etwa tiefer zu stellen, um sich mit den Beinen besser abstützen zu können. Damit fühlt man sich auch wesentlich sicherer.

Zahlreiche Seen gibt es zwischen Rest im Winkel und Ruhpolding

*Nach nur ein paar Minuten treffen wir auf die Bundesstraße B305 (**Wegepunkt ❸**) und bekommen einen ersten schönen Blick auf den Weitsee. Nun kommt der weitaus gemütlichere Teil der Tour. Auf einem separaten schmalen Weg fahren wir zuerst auf der linken, dann auf der rechten Seite der Straße entlang. Falls wenig Verkehr ist, fährt es sich bequemer auf der Straße. Es sind auch nur etwa 400 Meter, bis man einen Parkplatz erreicht (**Wegepunkt ❹**), an dem links ein Weg zum Mittersee und Lödensee abzweigt. Vorbei an der Mitterseehütte fahren wir um den Lödensee herum und kommen an einer Badestelle und mehreren Hütten vorbei. Dahinter erreichen wir wieder die Bundesstraße (**Wegepunkt ❺**).*

Die 1 drei Seen sind ein beliebtes Ausflugsziel, was nicht nur mit der landschaftlichen Idylle zu tun hat. Hier hat man auf den Wiesen rund um die Seen so viel Platz, dass es kaum eng wird. Das schätzen auch viele Biker, die hier unterwegs sind. Und das sind nicht nur Hardcore-Mountainbiker sondern auch viele gemütliche Tourenradler. Erfrischend ist das allemal, denn die Wassertemperaturen sind hier etwas bescheidener als draußen im Flachland.

Reisemobilstellplätze an oder nahe der Route

Wohnmobilpark, Am Waldbahnhof 7, Reit im Winkl

Wohnmobilstellplatz Seegatterl, Seegatterl 12, Reit im Winkl

Campingplatz Litzelau, Litzelau 4, Unterwössen

E-Bike Ladestationen an oder nahe der Route

Tourist Info, Dorfstr. 38, Reit im Winkl

Hotel Villa Mittermair, Chiemseestr. 2a, Reit im Winkl

T&T Bike-Sports, Dorfstr. 18, Reit im Winkl

Wir unterqueren die Bundesstraße, biegen rechts ab und folgen dann dem Weg, der links von der Bundesstraße durch den Wald bis zum Mittersee verläuft. Danach sind es nur wenige Meter bis zum Weitsee.

Hier bietet sich ein Abstecher nach rechts, vorbei an der alten Wasserwachthütte, zu schönen Badeplätzen an. Wirklich idyllische Plätze, wo man nicht nur viel Sonne, sondern auch einen schönen Ausblick genießen kann. Im Sommer ist es ganz angenehm, dass der überwiegende Teil des Weges im schattigen Wald verläuft. Nach rund 600 Metern kommt man zu einer Bank auf der rechten Seite, wo man einen schönen Blick auf den Weitsee hat. Ein geniales Fotomotiv.

Reit im Winkel liegt direkt an der Tiroler Grenze

*Gut drei Kilometer trennen uns noch von der nächsten Zwischenstation. Dieser Abschnitt verläuft weiter auf der Forststraße durch den Wald mit einigen leichten und kurzen Bergauf- und Bergabpassagen. Am Ende des Waldes (**Wegepunkt ❻**) radelt man an der Bundesstraße entlang vorbei an mehreren Häusern bis zum großen Parkplatz bei der Seilbahn. Wir sind in Seegatterl angekommen.*

Im Winter ist das hier der sehr belebte Ausgangspunkt für die Skifahrer. Früher sind vom Parkplatz aus die Busse hinauf zur Winklmoosalm gestartet. Das war zwar etwas umständlich, aber das Skigebiet war und ist eines der schneesichersten in den bayerischen

Vom Radweg hat man einen schönen Blick auf den Westsee

Bergen. Seit einigen Jahren bietet die Seilbahn, die von den Tiroler Nachbarn in Waidring gebaut wurde, wesentlich mehr Komfort.

*Wir queren den Parkplatz und folgen dem Radweg links von der Straße und direkt am Ufer der Schwarzlofer für die letzten sechs Kilometer bis Reit im Winkl. Es geht sehr entspannt los. Man kann für einen längeren Abschnitt das Rad fast ohne Treten laufen lassen. Kurze Anstiege sorgen dann für Abwechslung. Vorbei am Liebertingerhof kommen wir zur Steinbachstraße (**Wegepunkt ❼**), folgen dann der Blindauer Straße bis ins Zentrum von Reit im Winkl. Dort trifft man wieder auf die Bundesstraße B305, die hier Dorfstraße heißt. Nach rechts kommt man wieder zum Parkplatz bei der Tourist Information.*

Oder man gönnt sich noch etwas Sightseeing in Reit im Winkel rund um die Pfarrkirche St. Pankratius. Direkt daneben gibt es auch ein 2 **Heimatmuseum** und ein 3 **Skimuseum**, was ja in Reit im Winkl nicht nur wegen der erfolgreichen Familie von Rosi Mittermaier sehr naheliegend ist.

Sehenswert: die Skyline von Wasserburg

Tour 16

Länge 64 km

AM INNRADWEG DURCHS VORALPENLAND

Sightseeing von Rosenheim nach Wasserburg am Inn und zurück. Eine leichte Tour mit überschaubaren Höhenmetern.

Es gibt nicht viele Städte in Oberbayern, die so schön gelegen sind wie Wasserburg am Inn und dazu noch ein bezauberndes historisches Zentrum besitzen. Ein ideales Ziel für Radfahrer, denn sie kommen auf dem Innradweg direkt ins Zentrum, müssen keinen Parkplatz suchen und entdecken viele kleine und verborgene Winkel in diesem romantischen Ort. Von Rosenheim aus ist es eine entspannte Tour flussabwärts, nach der man auf der anderen Uferseite wieder zurück fahren kann. Ein stilvoller Tagesausflug ganz ohne Stress.

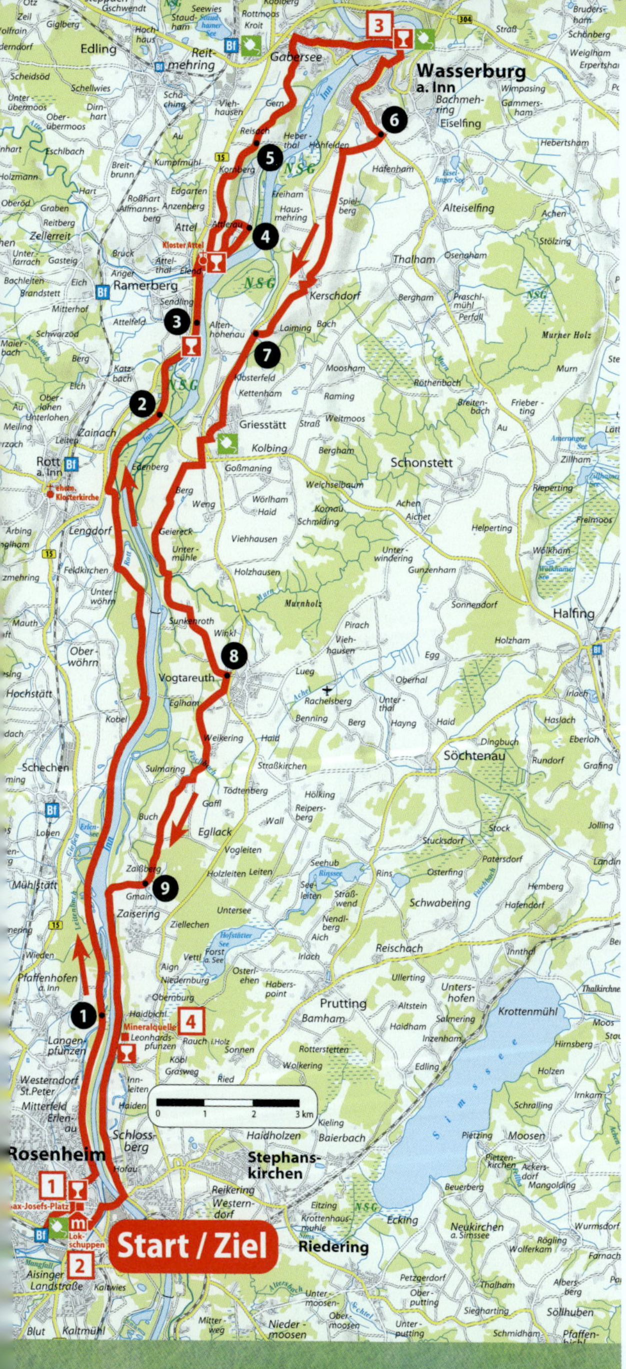

Was erwartet mich?

64 km, eine abwechslungsreiche Rundtour auf beiden Seiten des Inns. Überwiegend auf Radwegen und ruhigen Nebenstraßen, auf der Ostseite zuerst etwas abseits des Inns und zum Schluss auf dem Inndamm. Man fährt auf Schotter und Asphalt mit einigen wenigen und kurzen Anstiegen und Abfahrten.

Wie komm' ich hin?

ÖPNV:
Bayerische Regiobahn, Bahnhof Rosenheim

Mit dem Auto:
Autobahn A8 bis Ausfahrt Rosenheim. Parkgelegenheiten direkt beim Bahnhof und in der benachbarten Gießereistraße.

Was muss ich sehen?

1 **Max-Josefs-Platz**, Rosenheim
2 **Lokschuppen**, Rosenheim
3 **Altstadt Wasserburg**
4 **Mineralquelle Leonhardspfunzen**, Stephanskirchen

Wo tank' ich auf?

Kaffeerösterei Modest, Wasserburger Str.12, Ramerberg
Fischerstüberl, Elend 1, Attel
Café Schranne, Marienplatz 2, Wasserburg
Baodwirt, Mühltalweg 45, Stephanskirchen
Gasthaus Stockhammer, Max-Josefs-Platz 13, Rosenheim

Kartentipp: **ADFC Regionalkarte Chiemgau**

TOURSTART

Wir beginnen den Ausflug am Bahnhof in Rosenheim und starten über die Bahnhofstraße Richtung Inn mit einem kleinen Schwenker zum **Max-Josefs-Platz***.*

Rosenheim verdankt seine Attraktivität vor allem seiner günstigen Lage. Und das macht es auch für diese Tour reizvoll. Die Stadt am Inn ist verkehrstechnisch gut mit Auto oder Bahn erreichbar. Der Bahnhof ist ein idealer Startort. Dort kann man auch gut parken.

Inn/Salzach-Architektur am Rosenheimer Ludwigsplatz

Der [1] **Max-Josefs-Platz** ist der zentrale Platz in der Fußgängerzone mit historischen Häuserfassaden und schönen Straßencafés. Vielleicht gönnt man sich zu Beginn noch einen schnellen Espresso oder Cappuccino. Auf dem Weg dorthin lohnt ein Besuch des [2] **historischen Lokschuppens** in der Rathausstraße – ein Ausstellungszentrum für Weltkultur und Archäologie.

Nebenan ist gleich der ***Ludwigsplatz****. Von dort hat man nur ein paar hundert Meter bis zum Innufer am Ostrand der Stadt. Nun geht es am Westufer auf dem ausgeschilderten Innradweg direkt am Inn entlang nach Norden. Langsam wird es ruhiger und man begegnet nur noch wenigen Radfahrern. Rechts und links säumen Altwasser des Inns den Radweg (* ***Wegepunkt*** *❶), man sieht Enten und Schwäne auf dem Wasser. Teilweise wirkt das Gelände wie eine Urlandschaft. Erst nach fünf bis sechs Kilometern wird es offener und der Weg führt dann direkt am breiten Inn entlang. Immer wieder tauchen Hinweisschilder auf nahe Dörfer und Gasthäuser auf. Man muss also keine Angst haben zu verhungern oder zu verdursten. Rund 15 Kilometer sind es, bis dann links die Stadt Rott am Inn auf einem markanten Hügel auftaucht.*

Kloster Attl ist eine gute Orientierung am Innradweg

Wahrzeichen ist die ehemalige Klosterkirche, die heute die offizielle Pfarrkirche ist. Dass hier das Mausoleum des ehemaligen bayerischen Ministerpräsidenten Franz Josef Strauß steht, hat damit zu tun, dass seine Ehefrau Marianne hier als Brauereibesitzerstochter aufgewachsen ist. Deren Vater war einer der Gründungsmitglieder der CSU. So hat das eben damals zusammengepasst.

*Kurz nach Rott kreuzt der Radweg die Straße (**Wegepunkt ❷**), die über den Inn nach Griesstätt führt, der wir später noch einmal begegnen werden. Nach der Unterführung geht es weiter auf dem Schotterweg am Inn und seinen Altwässern entlang.*

Wenig später taucht links unterhalb des Radwegs die **Kaffeerösterei Modest** auf, zu der auch ein kleines Kaffeehaus gehört, wo man gutes hausgemachtes Eis bekommt. Für eine Pause keine schlechte Gelegenheit.

*Der Radweg führt nun direkt neben der Bundesstraße B15 weiter (**Wegepunkt ❸**). Bald eröffnet sich ein schöner Blick auf das nahe Kloster Attl, das majestätisch auf einem Hügel residiert.*

Das ehemalige Benediktinerkloster ist heute Sitz der Stiftung Attl, die dort Menschen mit Behinderung betreut. Die Stiftung unterhält zahlreiche soziale Einrichtungen. Zu der Anlage gehört eine Gärtnerei, die auch für die Öffentlichkeit zugänglich ist.

*Der Radweg landet bald direkt vor dem Attler Berg, passiert eine schmale Brücke und macht vor dem beliebten Restaurant Fischerstüberl eine scharfe Rechtskurve. Nun radelt man am Innufer entlang vorbei an einer romantischen kleinen Siedlung, bald darauf biegt man links ab (**Wegepunkt ❹**) und hat eine längere Steigung hinauf nach Attel vor sich. Übrigens die einzige wirklich anstrengende Passage auf dieser Tour. Oben kommt man an die zentrale Straße von Attel, biegt rechts ein und radelt vorbei an der Gärtnerei und mehreren Wohn-*

Der Inn umschließt die Altstadt von Wasserburg

*häusern. Am Ende der Siedlung folgt man halbrechts dem Radwegweiser und fährt leicht bergauf und bergab über die Wiesen von einem Weiler zum nächsten. Kornberg, Gern, Reisach sind kleine Weiler. Zwischendurch zweigt rechts eine Straße zum Inn ab (**Wegepunkt ❺**), den man auf diesem Abschnitt kaum zu sehen bekommt. Diese Straße führt nach Heberthal, wo einst die Schauspielerin Maria Schell ihre einsam gelegene Villa hatte. Wir befinden uns nun bereits auf dem Gemeindegebiet von Wasserburg und landen bald in Gabersee.*

Der Gebäudekomplex mit schönen alten Villen und Parks ist das Inn-Salzach Klinikum, wo vor allem neurologische Fälle behandelt werden. Die ersten Gebäude mit hohen Stacheldrahtzäunen gehören zur forensischen Abteilung.

Reisemobilstellplätze an oder nahe der Route

Campingplatz Erlensee, Erlensee, Schechen
Campingplatz Soyensee, Seestr. 28, Soyen

E-Bike Ladestationen an oder nahe der Route

Tourist Info, Hammerweg 1, Rosenheim
Bahnhof Wasserburg (Reitmehring), Bahnhofstr.60, Wasserburg
Parkplatz am Gries, Landesstraße, Wasserburg
Bäckerei Zeilinger, Rosenheimer Str. 2, Griesstätt

Ein paar hundert Meter weiter trifft man auf den ersten Kreisel, den man nach rechts verlässt bis zu einem zweiten Kreisverkehr nach dem neuen Polizeigebäude. Dort nehmen wir die dritte Ausfahrt und fahren sofort wieder rechts in die Köbingerbergstraße, die bald zur Radstraße wird und mit einer längeren Abfahrt am Wasserburger Busbahnhof landet.

Hier beginnt nun rechts die schöne 3 **Altstadt**, wofür wir über den Bahnhofsplatz in die Ledererzeile fahren und geradeaus bis zum verkehrsberuhigten Bereich mit der Salzsenderzeile.

Für eine Pause mit Sightseeing würde sich das Kaffeehaus Schrank direkt beim Rathaus mit Blick auf die schönen alten Fassaden am Marienplatz anbieten. Von dort aus kann man die vielen kleinen Gassen im Zentrum erkunden. Wasserburg bietet viele charmante kleine Geschäfte und Lokale. Sehenswert ist auch ein kurzer Ausflug auf den Inndamm, der mit Kunstwerken verschönert ist.

Der Platz vor dem Wasserburger Rathaus ist ein beliebter BIkertreffpunkt

*Für den Rückweg wechseln wir nun auf die andere Seite des Inns, passieren das Tor und die alte Brücke, die selbst ein beliebtes Fotomotiv ist. Dort geht es dann rechts auf dem markierten Innradweg entlang der Rosenheimer Straße sanft bergauf, dann versetzt weiter durch ein Wohngebiet und schließlich nach einer Unterführung auf die Priener Straße. Nach knapp einem Kilometer biegen wir rechts ab in die Straße Am Burgfrieden (**Wegepunkt** ❻) und folgen weiter der Radweg-Beschilderung. Wir verlassen Wasserburg und fahren über weite, offene Wiesen nach Süden bis Spielberg und weiter bis Kerschdorf mit einigen längeren Bergab- und Bergaufpassagen. Kurz nach dem Weiler Laiming kommen wir bergab zur Staatsstraße Richtung Griesstätt und Rosenheim, halten uns*

*hier links (**Wegepunkt ❼**) und folgen den Radweg-Schildern bis ins Zentrum von Griesstätt. Dort geht es rechts ab mit einigen Kurven wieder raus aus dem Dorf, über die Staatsstraße 2079 hinweg und von Weiler zu Weiler, bis man beim Vogtareuther Sportplatz landet (**Wegepunkt ❽**). Wir folgen den Schildern weiter über die Felder parallel zum Inn, der hier kaum zu sehen ist. Doch das ändert sich bald. Über Weikering und Sulmaring kommen wir an Zaissberg vorbei (**Wegepunkt ❾**) und erreichen mit einer kurzen, steilen Abfahrt das Innufer. Hinter den Teichen der Fischzucht geht die Reise weiter auf dem Damm nach Süden.*

In Leonhardspfunzen gibt es eine Quelle und ein Gasthaus

Wir kommen am **Gut Mühlthal** vorbei, wo früher eine römische Siedlung gestanden hat.

Nach etwas mehr als einem Kilometer kommen wir nach Leonhardspfunzen zur bekannten gleichnamigen **4 Mineralquelle**. Hier können wir uns direkt bei der kleinen Kapelle mit dem Wasser stärken oder bei einer Pause nebenan im Biergarten des Baodwirts entspannen. Die Quelle wurde 1734 entdeckt, gilt als artesische Quelle und soll bei allerhand Beschwerden helfen. Davon erzählen auch etliche Votivtafeln in der Kapelle. Der Baodwirt war bis 1920 auch Kurhotel und der Weiler ein richtiges Kurbad.

Auf der weiteren Fahrt Richtung Rosenheim sieht man links ein großes weißes Gebäude im barocken Stil. Es ist das **Gut Innleiten**, das vor über 100 Jahren dem Unternehmerpaar Rosa und Thomas Gilitzer gehörte. Die beiden besaßen in Rosenheim mehrere Geschäfte. Nach ihnen wurden auch der Gilitzerblock und die Gilitzerstraße benannt. Zum Gutshof gehörten Obstplantagen und eine aufwändige Fischzucht sowie ein privates Museum mit Jagdtrophäen und Kunstgegenständen aus Fernost.

Bald sieht man auf der westlichen Uferseite das Klinikum Rosenheim und die Innbrücke. Der letzte Abschnitt ist die Fahrt über die Innbrücke in die Innstraße Richtung Zentrum und von dort weiter zurück zum Bahnhof.

Die Rote Brücke in Wasserburg ist ein beliebtes Fotomotiv

Tour 17

Länge 89 km

AM INN VON WASSERBURG BIS BURGHAUSEN

Eine ausgiebige Flussradtour mit bekannten und unbekannten Pretiosen bayerischer Kultur und Lebensart

Der Innradweg mit seinen 520 Kilometern Länge vom Schweizer Engadin bis zur Mündung in die Donau in Passau ist ein absoluter Fernradklassiker. Unser relativ langer Abschnitt führt uns in einen nördlichen Teil von Oberbayern, der beschauliche Idylle mit prominenten Attraktionen und ruhige Ecken mit touristischen Attraktionen kombiniert. Zu den Pretiosen gehört der Startort Wasserburg ebenso wie Altötting und der Zielort Burghausen mit seiner berühmten Burg. Dazwischen radelt es sich gemütlich flussabwärts.

Mit dem Auto:
Auf der Autobahn A8 Rosenheim und auf der B15 bis Wasserburg. Oder auf der Bundesstraße B304 über Ebersberg. Parkmöglichkeiten gibt es direkt am Innufer oder bei der alten Innbrücke.

Was erwartet mich?

89 km, eine Streckentour teils direkt am Inn, teils etwas abseits auf Radwegen und ruhigen Nebenstraßen mit einigen rustikalen Passagen etwa zwischen Wasserburg und Gars, ansonsten nicht anspruchsvoll. Zurück kann man mit der Bahn fahren.

Wie komm' ich hin?

ÖPNV:
Mit der Bahn bis Wasserburg. Der Bahnhof liegt etwas außerhalb in Reitmehring.

Was muss ich sehen?

1 **Altstadt/Marienplatz,** Wasserburg
2 **Kapellplatz**, Altötting
3 **Geburtshaus Benedikt XVI.,** Marktl
4 **Marktplatz**, Burghausen
5 **Burg**, Burghausen

Wo tank' ich auf?

Restaurant Ebinger Alm, Ebing 120, Waldkraiburg
Gasthof zum Steer, Münchener Str.132, Mühldorf
Gockerlwirt, Tillyplatz 3-5, Altötting
Graminger Weissbräu, Graming 79, Altötting

Kartentipp: **ADFC Regionalkarte Chiemgau**

TOURSTART

Wer mit dem Zug anreist fährt geradeaus in die Bahnhofstraße, am Ende parallel zur B304 über die B15 und trifft auf die Straße Gabersee. Dieser folgen wir nach links, fahren geradeaus über den Kreisel und befinden uns bereits auf dem ausgeschilderten Innradweg. Diesem folgen wir bis ins Zentrum.

Ein beliebter Treffpunkt im Zentrum von Wasserburg ist der **1 Marienplatz** vor dem Rathaus. Von dort sind es nur wenige Meter ostwärts zu einem Parkplatz, wo direkt dahinter der Inndamm ist, den man mit dem Rad befahren kann.

*Am Inn geht es auf der linken Uferseite weiter. Zunächst fährt man am Ufer durch den Wald, vorbei an einer alten Kapelle und kommt bald an einzelnen Bauernhöfen vorbei. Rund 15 Kilometer sind es zur nächsten Zwischenstation in Gars. Bis dahin macht der Radweg kleine Umwege, schlängelt sich auf ruhigen Nebenstraßen durch Waldpassagen und erreicht bald die ersten Häuser in Gars. Hier wechseln wir nun auf die andere Seite des Inns (**Wegepunkt ❶**) und dort weiter bis Jettenbach, das noch rund zehn Kilometer entfernt ist. Dieser Abschnitt ist relativ flach, verläuft auf asphaltierten Nebenstraßen mal mehr und mal weniger neben der Bahnlinie. Den Ort Jettenbach lassen wir rechts liegen und fahren über die Innbrücke ans Nordufer (**Wegepunkt ❷**) und weiter am Kanal entlang bis nach Waldkraiburg.*

Die reizvollere Alternative für eine Pause wäre hier der kleine Nachbarort Kraiburg auf der Südseite des Inns mit seinem historischen Zentrum und recht verwinkelten Gassen.

Nach Waldkraiburg absolviert der Inn einige weite Schleifen, die wir aber abkürzen und auf relativ direktem Weg über Ebing und vorbei am Restaurant Ebinger Alm ins Zentrum von Mühldorf radeln.

Eindrucksvolle Fassaden: das Wasserburger Rathaus

Wir sind jetzt fast 50 Kilometer unterwegs und damit bietet es sich an, eine Pause mit Aufladen zu kombinieren. Das ließe sich zum Beispiel beim Gasthaus zum Steer am Westrand von Mühldorf machen.

Mühldorf ist eine Kreisstadt mit rund 18.000 Einwohnern. Bekannt ist es für sein historisches Stadtzentrum mit der für die Region Inn-Salzach typischen Inn/Salzach-Architektur. Dieser im 19. Jahrhundert verbreitete Baustil erzeugt mit Blendfassaden scheinbar geschlossene Häuserfronten. Im Geschichtszentrum und Museum Mühldorf in einem ehemaligen Getreidekasten erfährt man mehr über die Geschichte des Ortes und der Region.

*Unsere Fahrt führt weiter nach Osten, raus aus Mühldorf und weiter Richtung Töging. Dort treffen wir am Stadtrand wieder auf den Innkanal (**Wegepunkt ❸**), dem wir nun folgen und am Ostrand von Töging auf die andere Uferseite wechseln. Weiter geht es dann bis zur Mündung des Kanals in den Inn (**Wegepunkt ❹**).*

*Unsere Route auf einem Schotterweg mit einigen Waldpassagen folgt nun weiter dem Innufer, begleitet auf der linken Seite von der Autobahn A94. Ein Stück nach der Mündung der Isen in den Inn, was für uns einen kleinen Umweg erfordert, könnte man rechts über die Innbrücke (**Wegepunkt 5**) einen Abstecher nach Altötting machen.*

Ziel von vielen Wallfahrern: der Altöttinger Kapellplatz

Altötting zählt deutschland- und europaweit zu den bedeutendsten Wallfahrtsorten. Ziel der Pilger ist der **2 Kapellplatz** mit der Gnadenkapelle mitten im Zentrum. Dort steht das Gnadenbild, eine 64 Zentimeter hohe Madonnenstatue. In und an der Kapelle befinden sich zahlreiche Votivtafeln. Dass Altötting ein Marienwallfahrtsort wurde, soll ja mit einer wundersamen Geschichte von einem ertrunkenen Kind zusammenhängen, das von der Mutter in die Kapelle gebracht wurde und während der Gebete wieder ins Leben zurück fand.

Reisemobilstellplätze an oder nahe der Route

Wohnmobilstellplatz Badria, Alkorstr.14, Wasserburg

Wohnmobilstellplatz, Jahnstraße, Kraiburg

Wohnmobilstellplatz, Berghamer Str.1., Burghausen

Wohnmobilstellplatz Altötting Mitte, Traunsteiner Str.1, Altötting

Tipp: MIttlerweile sind wir gut 60 Kilometer unterwegs. Bis zum nächsten Ort Marktl sind es ca. 15 und bis zum Ziel in Burghausen weitere 10 Kilometer. Abkürzen ließe sich dies mit der direkten Route auf dem Radweg über Emmerting, was die Distanz gut halbieren würde.

Unser Weg nach Marktl führt nun kontinuierlich auf Radwegen am Innufer entlang.

Marktl ist ein beschaulicher Ort mit rund 2.800 Einwohnern, der in der jüngeren Vergangenheit als Geburtsort von Papst Benedikt XVI. populärer wurde. Dessen **3 Geburtshaus** am Marktplatz ist auch zu einer Sehenswürdigkeit geworden.

*In Marktl verlassen wir den Innradweg und fahren rechts über die Brücke (**Wegepunkt 6**) entlang der Bundesstraße B20 nach Süden direkt nach Burghausen.*

Die längste Burg der Welt in Burghausen

*Gut zehn Kilometer sind es bis zum Stadtrand. Über die Märktler Straße (**Wegepunkt ❼**) kommen wir direkt am Bahnhof vorbei. Für den Rückweg nach Wasserburg bietet sich die Bahnfahrt mit Umsteigen in Burghausen an. Die Fahrtzeit beträgt rund eineinviertel Stunden.*

Auf dem Weg in das historische Zentrum mit dem weitläufigen 4 **Marktplatz** samt Inn/Salzach-Architektur kommt man auch am Wahrzeichen von Burghausen vorbei. Die berühmte 5 **Burg** ist mit 1.051 Metern die längste Burganlage weltweit. Der Großteil der Burg ist in staatlichem Besitz. Es gibt aber auch einige Privathäuser. Je weiter man nach innen kommt, desto älter werden die Bauwerke. Ganz hinten findet man dann auch das Stadtmuseum und das Burgmuseum. Radfahrer haben auch hier wieder den großen Vorteil, keine Parkplätze suchen zu müssen.

E-Bike Ladestationen an oder nahe der Route

Rathausvorplatz, Waldkraiburg
Restaurant Ebinger Alm, Ebing 120, Waldkraiburg
Gasthof zum Steer, Münchener Str.132, Mühldorf
Stadtplatz, Mühldorf
Rathausplatz, Töging
Gasthof Hummel, Marktl

Majestätische Lage:
Die Burghausener Burg

Tour
18
Länge
68 km

BAYERISCH-ÖSTERREICHISCHER GRENZVERKEHR

Eine abwechslungsreiche Tour entlang der Grenze zwischen Freilassing und Burghausen

Immer an den Ufern von Salzach und Inn entlang wechseln wir mehrmals die Seite und suchen uns die schönsten Passagen und reizvollsten Orte aus. Laufen, Tittmoning und Burghausen sind echte Schmuckstücke und berühmt für ihre Inn/Salzach-Architektur. Genussvolles Radwandern mit viel Landschaft und Kultur und zahlreichen verlockenden Einkehrmöglichkeiten.

Wo tank' ich auf?

Café Cappuccino, Brückenstr.15, Oberndorf
Gelateria Rizzardini, Marienplatz 4, Laufen
Biergut, Wildshut 8, Wildshut
Klostergasthof Raitenhaslach, Raitenhaslach 9, Burghausen
Waldgasthaus Naturfreunde, Birkenweg 44, Hochburg

Was erwartet mich?

68 km, eine Streckentour auf dem Tauernradweg entlang der Salzach. Eine gemütliche Tour flussabwärts überwiegend auf Radwegen mit einzelnen Abschnitten auf Nebenstraßen und nur wenigen Steigungen.

Wie komm' ich hin?

ÖPNV:
Mit der Bayerischen Regiobahn bis zum Bahnhof Freilassing, der derzeit barrierefrei umgebaut wird. Alternativ: Hauptbahnhof Salzburg, von dem aus man bequem geradeaus den Tauernradweg an der Salzach erreichen kann.

Mit dem Auto:
Autobahn A8 bis Ausfahrt Bad Reichenhall, Bundesstraße B 20 nordwärts bis Freilassing.

Was muss ich sehen?

1 **Ortszentrum Laufen**
2 **Stadtplatz Tittmoning**
3 **Burg Tittmoning**, Tittmoning
4 **Kloster Raitenhaslach**, Burghausen
5 **Wallfahrtskirche Marienberg**, Burghausen
6 **Burg**, Burghausen
7 **Stadtplatz**, Burghausen

Kartentipp: **ADFC Regionalkarte München/Alpenvorland**

Die Salzach umschlingt die Altstadt von Laufen

TOURSTART

*Vom Bahnhof fahren wir ostwärts parallel zu den Bahngleisen über die Zollhäuslstraße, dann am Fluss weiter nach links bis zur Saalachbrücke und überqueren die Saalach (**Wegepunkt ❶**).*

Die kleine, feine Reise entlang der Grenze zwischen Bayern und Österreich beginnt in Freilassing. Die kleine Stadt liegt verkehrstechnisch sehr günstig nicht weit von der Autobahn A8 und an der Bahnlinie zwischen München und Salzburg als letzte Haltestelle vor Salzburg.

*Der ausgeschilderte Mozart-Radweg verläuft durch ein Wohn- und Gewerbegebiet auf der Salzburger Seite bis zur Westautobahn (**Wegepunkt ❷**), wo wir die Salzach überqueren. Nun sind wir auf dem Tauernradweg, der Salzburg mit Passau verbindet und in den Bergen bei Kaprun startet. Wir benutzen ihn aber nur zum Teil und wechseln bald auch auf die oberbayerische Seite zurück.*

Nur auf diesem Abschnitt fährt es sich bei den Salzburger Nachbarn deutlich gemütlicher.

*Die Orientierung kann man auf diesem Abschnitt kaum verlieren. Der Radweg begleitet die Salzach auf den nächsten 12 Kilometern, passiert den Ort Bergheim und streift dann die idyllische Antheringer Au. Kurz vor Weitwörth verlassen wir das Ufer (**Wegepunkt ❸**) und passieren mehrere Weiher. Dann geht es hinein nach Oberndorf, wieder zurück zum Ufer der Salzach und über die Brücke nach Laufen.*

Oberndorf hat eine interessante Geschichte. Bis vor gut 100 Jahren lag das Zentrum weit flussabwärts, wurde aber immer wieder von Überschwemmungen heimgesucht. So entschied man sich für einen Neubau der Brücke hinüber nach Laufen an einer Stelle mit höherem Ufer. Diese prachtvolle Brücke mit Nachbildungen der bayerischen und österreichischen Krone und Wappen ist heute eine Sehenswürdigkeit. Nach dem Bau verlagerte sich der Ort rund um die Brücke. Weniger verändert hatte sich derweil das Stadtbild in

Die historische Brücke zwischen Laufen und Oberndorf

Laufen. Der Ort besitzt ein wirklich sehenswertes historisches **1 Zentrum** mit stattlichen Bürgerhäusern und leider auch mit viel Kopfsteinpflaster. Aber das macht die herrliche Atmosphäre wieder wett. Im Zentrum gibt es mehrere Lokale, Kaffeehäuser und Eisdielen, wo sich vor allem Radfahrer gerne stärken.

*Für die Weiterfahrt wechseln wir nun wieder auf die österreichische Seite. An der Nepomukstatue (**Wegepunkt ❹**) radeln wir links weiter an der Salzach entlang flussabwärts.*

*Unterwegs können wir einen Abstecher in die kleine Ortschaft Wildshut unternehmen – Zufahrt entweder über St. Georgen bei Salzburg (**Wegepunkt ❺**) oder Riedersbach (**Wegepunkt ❻**) – die neben einer alten Ritterburg noch eine andere Attraktion hat.*

Gut Wildshut am österreichischen Salzachufer ist ein Gourmettempel

Und das ist das **Gut Wildshut** der Salzburger Stiegl Brauerei am Ende des Ortes. Das aufwändig restaurierte Ensemble umfasst ein Hotel, ein Restaurant und eine Kreativbrauerei. Dazu gehört eine Landwirtschaft, die nach biologischen Maßstäben arbeitet, wo Hopfen angebaut und Pinzgauer Rinder und Mangalizaschweine gezüchtet werden. Etwas außerhalb sieht man auch die hohen Hopfenstangen. Wildshut ist wie geschaffen für eine kleine feine Pause.

Zurück auf dem Tauernradweg sehen wir rund fünf Kilometer später links am gegenüberliegenden Ufer die Kirche und die Burg von Tittmoning. Unser nächstes Zwischenziel. Über die alte Brücke verlassen wir den Tauernradweg, erreichen Tittmoning und sind wieder auf oberbayerischem Boden. Ins Zentrum geht es ein Stück bergauf und dann links durch das nördliche Stadttor.

Die historische Inn/Salzach-Architektur bestimmt die Atmosphäre auf dem berühmten und sehr weitläufigen **2 Stadtplatz**. Typisch sind die Blendfassaden der alten Häuser. Es gibt mehrere Straßencafés, die auch von Radlern fleißig frequentiert werden. Leider läuft hier auch der Durchgangsverkehr auf der Bundes-

Kloster Raitenhaslach mit Figuren des Bildhauers Heinrich Kirchner

straße B20 durch den Stadtplatz. Wer sich die alte 3 **Burg** aus dem 12. Jahrhundert ansehen will, muss eine steil ansteigende Straße von der Südseite absolvieren. Sehenswert ist dort der recht urige **Innenhof**.

*Für die letzte Etappe von Tittmoning nach Burghausen verlassen wir für ein Stück die Salzach, fahren nach einem Linksabbieger (**Wegepunkt** ❼) westwärts aus dem Ort und nordwestlich auf dem Benediktweg über Diepling bis zum Leitgeringer See mit dem Strandbad Tittmoning. Eine gute Gelegenheit für ein erfrischendes Bad. Über Asten fährt man weiter nach Norden, gelangt nach rechts auf die B20 (**Wegepunkt** ❽) und folgt dieser nach links durch einen Wald. Wir verlassen die B20 nach rechts (**Wegepunkt** ❾) und erkennen den Zwiebelturm der Klosterkirche Raitenhaslach.*

Diesen eindrucksvollen Ort kurz vor Burghausen sollte man sich nicht entgehen lassen. Raitenhaslach ist eine weitläufige und sehr gepflegte Anlage mit dem ehemaligen 4 **Zisterzienserkloster** und der Kirche St. Georg. 1803 wurde das Kloster im Rahmen der Säkularisation aufgelöst. Heute gehört es der Stadt Burghausen und wird auch von der Technischen Universität München als Akademiestandort genutzt. Früher gab es hier auch eine Brauerei. Geblieben ist wenigstens der stattliche Gasthof mit schönem Biergarten. Ein echtes Stück urbayrischer Lebensart. Man könnte hier

Barocke Pracht in der Wallfahrtskirche Marienberg

gut sitzen bleiben, denn nach Burghausen, unserem Ziel, sind es nur noch wenige Kilometer. Und auf diesem Weg begegnen wir noch einem weiteren Kunstschatz. Die 5 **Wallfahrtskirche** Maria Königin des Rosenkranzes in Marienberg entstand im Zuge der Gründung des Klosters Raitenhaslach, wurde im 18. Jahrhundert im Barockstil neu erbaut und ist ein überaus stattliches Kirchenhaus.

Was nun noch bleibt, das ist eine Art Zielgerade. Entweder fahren wir über den Benediktweg direkt entlang der Salzach oder parallel zur B20 und weiter rechts entlang der Tittmoninger Straße hinab nach Burghausen und weiter über die Martkler Straße zum Bahnhof.

Auch Burghausen hat einen schönen wie auch weitläufigen Stadtplatz mit viel Inn/Salzach-Architektur.

Für den Weg dorthin empfiehlt sich die historische Straße „In der Grüben". Sie ist nicht nur eine sehenswerte Gasse mit interessanten Geschäften und Lokalen. Auf dem Pflaster sind auch zahlreiche Jazzmusiker verewigt, die bei den berühmten Burghausener Jazzwochen aufgetreten sind. Diese hochkarätigen Veranstaltungen gibt es seit 1970.

Die Hauptattraktion ist natürlich die 6 **Burg**, die mit einer Länge von 1051 Metern und sechs Burghöfen die Längste in ganz Europa ist. Vom Stadtplatz fährt man mit dem Rad auf der Straße Hofberg bis zum Burgparkplatz, wo es dann vorbei am Fotomuseum direkt in die verschiedenen Burghöfe hineingeht. Ihre Geschichte ist ziemlich genau 1.000 Jahre alt und davon geprägt, dass die Lage für die Verteidigung ausgesprochen günstig war. Heute gehört sie zum Großteil dem Freistaat Bayern und ist auch Schauplatz vieler Veranstaltungen, darunter auch Landesausstellungen. Interessant ist, dass es auch einige Privatwohnsitze in der Anlage gibt. Natürlich werden hier auch Führungen angeboten. Je weiter man bei der Begehung nach hinten kommt, desto älter werden die Bauwerke. Ganz hinten, wo einst die herzogliche Familie residierte, gibt es heute ein Burgmuseum neben der Kapelle. Von oben hat man einen herrlichen Blick auf Burghausen samt Umgebung und auf eine andere Spezialität. Mit dem benachbarten Wöhrsee haben die Burghausener auch einen richtigen Badesee im Stadtgebiet. In Burghausen gibt es also viel zu

Reisemobilstellplätze an oder nahe der Route

Fischer-Huber-Parkplatz, Freilassinger Straße, Laufen
Paulbauernhof, Gausburg 47, Gausburg
Familie Spitz, Pöllner 1, Kirchanschöring
Wohnmobil Stellplatz Burghausen, Berghamer Str.1, Burghausen

E-Bike Ladestationen an oder nahe der Route

Hotel Moosleitner, Wasserburger Str. 52, Freilassing
Dorfwirtschaft Asten, Am Gangsteig 1, Tittmoning
Kloster Raitenhaslach, Raitenhaslach 1, Burghausen
Hotel Glöcklhofer, Ludwigsberg 4, Burghausen

Von der Burg hat man einen guten Ausblick auf Burghausen

sehen. Dazu gehörten auch die kleinen Gassen rund um den 7 **Stadtplatz**. Die Stadt profitiert in ökonomischer Hinsicht auch sehr von den zahlreichen großen Chemieunternehmen, die hier ansässig sind.

Und wer einen besonders schönen Blick auf die Burghausener Skyline genießen will, der fährt am besten über die alte Brücke auf die österreichische Seite. Dort kann man zum Beispiel rechts im relativ neuen Hotel Burgblick fein mit Panoramaaussicht logieren. Oder man radelt am Ostufer bei der Brücke links ein Stück flussabwärts, dann rechts bergauf durch den Wald einige hundert Meter bis zum Waldgasthaus Naturfreunde. Dort auf der Terrasse hat man eine Aussicht, die kaum mehr zu übertreffen ist.

Für die Rückfahrt nach Freilassing könnte man zum Beispiel entlang der Salzach flussaufwärts radeln und dabei optional auch die anderen Seiten des Flusses abfahren. Oder man fährt mit der Regionalbahn der BRB nach Freilassing. Allerdings ist man da mit zwei Mal Umsteigen gut drei Stunden unterwegs. Fahrradtransport ist bei diesen Zügen möglich.

Kloster Seeon

Tour 19 Länge 61 km

BRAUEREIEN, BIERGÄRTEN UND KLÖSTER IM CHIEMGAU

Eine Runde mit viel Brauchtum, Tradition und Bierkultur abseits des Tourismus

Wenn man es lieber etwas gemütlich mag und dabei auch in die Tradition und Lebensart in Oberbayern eintauchen will, dann ist diese Tour genau richtig. Etliche kulturelle und gastronomische Höhepunkte gibt es entlang der 61 Kilometer langen Strecke, die überwiegend auf Radwegen und Nebenstraßen verläuft, also auch keine großen Anstrengungen verlangt. Ein Programm ideal für einen Tagesausflug.

Was muss ich sehen?

1. **Kloster Baumburg**, Altenmarkt a. d. Alz
2. **Weissbräu Schwendl**, Tacherting
3. **Brauerei Baderbräu**, Schnaitsee
4. **Kloster Seeon**, Seeon
5. **Camba Bavaria Brauerei**, Seeon

Was erwartet mich?

61 km, eine etwas andere Radrunde teils auf dem Alzradweg, teils über asphaltierte Nebenstraßen, mit sanften Bergauf- und Bergabpassagen im nördlichen Chiemgau. Insgesamt sind knapp 500 Höhenmeter zu bewältigen - das geht in diesem Fall auch gut mit Touren- und Crossrädern, Mountainbikes sind nicht notwendig.

Wie komm' ich hin?

ÖPNV:
Mit der Regionalbahn von München zum Bahnhof Altenmarkt, barrierefrei.
Mit dem Auto:
Auf der Autobahn A94 bis zur Ausfahrt Ampfing und dann nach Süden über Waldkraiburg und Taufkirchen bis Altenmarkt a. d. Alz. Parkmöglichkeiten an der Laufenauer und Baumburger Straße.

Wo tank' ich auf?

Bräustüberl Baumburg, Baumburg 12, Altenmarkt an der Alz
Weissbräu Schwendl, Schalchener Str.115, Tacherting
Brauerei Baderbräu, Baderweg 4, Schnaitsee
Camba Bavaria Brauerei, Gewerbering 3, Seeon
Gasthof Roiter, Roit 1, Altenmarkt an der Alz

Kartentipp: **ADFC Regionalkarte Chiemgau**

TOURSTART

Vom Bahnhof fahren wir rechts parallel zu den Schienen zum Flussufer der Traun.

Wen es nach Altenmarkt an der Alz zieht, der hat meist ganz spezielle Interessen. Die einen lieben es, sich mit Schlauchboot oder SUP vom Chiemsee Nordufer bei Seebruck auf dem Wasser bis Altenmarkt treiben zu lassen. Andere zieht es zu einem stolzen Hügel südlich des Zentrums von Altenmarkt. Dort oben liegt das 1 **Kloster Baumburg** mit der gleichnamigen Brauerei und einem stilgerechten Bräustüberl. Hier logiert und residiert man wirklich über den Dingen und kann wunderbar entspannen. Für uns ist Altenmarkt ein standesgemäßer Startort für eine ganz spezielle und vor allem verführerische Tour. Der nördliche Chiemgau ist reich an Klöstern und Burgen, an Brauereien und Biergärten, die hier auch nicht vom Tourismus überschwemmt werden und ihre Eigenart behalten haben. So auch in Baumburg.

Das einstige Augustiner-Chorherren-Kloster Baumburg wurde im Stil des Rokoko erbaut, thront majestätisch auf der Spitze des relativ steilen Hanges und ist heute ein katholisches Dekanat. Wie früher der Brauch war, steht neben dem Kloster eine Brauerei. Und die ist heute mehr denn je aktiv. Neben der Klosterbrauerei, wo auch allerhand kreative Craft Beer Sorten gebraut werden, steht das nostalgische Bräustüberl samt seiner gemütlichen Terrasse. Ein guter Platz, um sich für die folgenden 61 Kilometer zu stärken.

Die historischen Gewölbe im Kloster Baumburg

*Hinter der Brücke halten wir uns links (**Wegepunkt** ❶) und fahren auf dem Alz-Salzach-Radweg nach Norden am Ufer entlang bis Trostberg und noch weiter rund drei Kilometer bis zum kleinen Ort Lengloh direkt an der Bundesstraße.*

Der kleine Ort Lengloh ist stark von Industrie und Handel geprägt. Auf der ruhigeren Westseite in der Schalchener Straße kommt man zum 2 **Weissbräu Schwendl**. Wie der Name schon andeutet, dreht es sich hier vor allem um Weißbier, das man im Biergarten des Brauereigasthofs neben klassischen bayerischen Spezialitäten verkosten kann. Seit 1935 gibt es die Brauerei, die in der vierten Generation geführt wird und seit 2008 mit zwölf European Beer Stars ausgezeichnet wurde. Es werden auch Brauereiführungen angeboten.

Das ehemalige Augustiner Chorherrenstift Baumburg

Eine Stärkung ist durchaus angebracht, denn danach wartet eine längere Landpartie auf Nebenstraßen mit einigen Höhenmetern.

*In Lengloh folgen wir der B299 nach links (**Wegepunkt** ❷) und biegen nach wenigen Metern rechts ab. Gut 20 Kilometer lang ist die Strecke nach Westen über Oberfeldkirchen, Emertsham, Holzhausen und Offenham bis Schnaitsee, das recht souverän auf einem Hügel liegt.*

Nur ein paar Meter vom Rathaus entfernt steht die kleine **3 Brauerei Baderbräu** im Baderweg. Keine 20 Jahre ist es her, dass einige Einheimische mit dem Bierbrauen angefangen hatten. Das wurde von Jahr zu Jahr mehr und immer professioneller. Ein Braumeister wurde eingestellt und das Sortiment erweitert. Zur Brauerei gehören auch ein Bräustüberl und ein Biergarten, die jeweils Montag, Dienstag und Samstag geöffnet sind. Ausgeschenkt werden Helles, Weißbier, Dunkles, Märzen und neuerdings auch Pils, und man kann hier auch an Brauseminaren teilnehmen.

Unsere nächste Station ist Seeon. Dazu geht es raus aus dem Ort und bergab nach Süden vorbei am Weitsee, wo die Schnaitseer ihr Seebad haben (ein guter Platz für eine Erfrischung). Die Tour führt dann nach rechts

Reisemobilstellplätze an oder nahe der Route

Wohnmobilstellplatz Trostberg, Jahnstraße, Trostberg
Reisemobilstellplatz, Griessee, Grossbergham
Bauernhof Söllner, Lindach 1, Obing

E-Bike Ladestationen an oder nahe der Route

Bayernstr.2, Trostberg
Kloster Seeon, Klosterweg 1, Seeon
Camba Bavaria, Gewerbering 3, Seeon

*(**Wegepunkt** ❸) und in einem Bogen weiter südwärts bis Gallertsham. Dort folgen wir der B304 bis Frabertsham und biegen dann rechts (**Wegepunkt** ❹) ab nach Allertsham. Bis Allertsham sind ein paar Höhenmeter zu bewältigen. Danach verläuft es aber bis Obing leicht bergab.*

In Obing bietet sich noch ein Abstecher zum Obinger See und zum Strandbad auf der Nordseite des Sees an. Aber es bleibt nicht der letzte See, dem wir auf dieser Tour begegnen.

Noch gut fünf Kilometer sind es bis zum Klostersee, der größte der Seeoner Seen. Von weitem sieht man schon den Turm des ehemaligen **Klosters**, *das wirklich malerisch am Seeufer steht.*

Über den Parkplatz vor dem Kloster kommt man auf einer Zufahrtsstraße direkt zum Kloster. Das ehemalige 4 **Benediktinerkloster** wurde 994 gegründet und im Jahr der Säkularisation 1803 aufgelassen. Danach hatte es verschiedene Besitzer und ist seit einigen Jahren das Veranstaltungszentrum des Bezirks Oberbayern, also in Besitz der öffentlichen Hand. Hier finden auch die einst legendären Klausuren der CSU statt, die früher in Wildbad Kreuth nahe des Tegernsees abgehalten wurden. Rund um das Kloster stehen die markanten Figuren des Bildhauers Heinrich Kirchner, der im nahen Pavolding lebte. Seeon ist ein beliebtes Ausflugsziel.

Unser nächstes Ziel ist ein Stück entfernt im Ort Seeon. Dazu fahren wir weiter gegen den Uhrzeigersinn um den See herum, am Ostufer entlang durch den Ort und auf die Altenmarkter Straße, dann am Kreisel links zur 5 **Camba Bavaria Brauerei**.

Das Kloster Seeon erscheint wie eine Insel

Begonnen hatte die Geschichte der jungen Brauerei als Showroom des Brauanlagenherstellers Braukon. Dafür wurde eben gebraut und das lief so gut, dass daraus eine echte und sehr kreative Brauerei wurde. Heute kann man bei Camba Führungen erleben, das Bier verkosten und auch gleich einkaufen. Außerdem gibt es eine hauseigene Bäckerei, die biozertifiziert ist und als Spezialität eine „Brauerkruste" im Angebot hat, die mit „Chiemsee Dark" Bier verfeinert wird.

*Auf unserer letzten Etappe radeln wir am Kreisel rechts, sofort links, weiter zur Alz und folgen dem Ufer über die Massingmühle (**Wegepunkt** ❺) bis Altenmarkt.*

*Oder wir fahren am **Wegepunkt** ❺ nach rechts zu einer echten Sehenswürdigkeit. Beim herrlich nostalgischen Gasthof Roiter setzen wir über mit der archaischen Fähre, die man mit Seilzug und Klingel anmeldet, und kommt auf die Uferseite von Altenmarkt. Von dort sind es nur ein paar hundert Meter bis nach Altenmarkt und zurück zum Bahnhof.*

Blick von Gstadt zur Fraueninsel

Tour 20

Länge 56 km

EINE RUNDE UM DAS BAYERISCHE MEER

Fast immer in Seenähe – der Radweg um den Chiemsee zählt zu den beliebtesten Strecken in Oberbayern.

Eine echte Genussradtour. Nur wenige Höhenmeter, viele schöne Badestrände und romantische Buchten, reizvolle Einkehrmöglichkeiten und sehenswerte Ortschaften. Die 56 Kilometer lange Runde um den Chiemsee ist bis auf wenige Passagen wirklich gemütlich und bietet viel Abwechslung. An sonnigen Wochenenden ist allerdings auch viel los. Wer sich Zeit für Sightseeing gönnt, erlebt einen schönen Tagesausflug.

Was erwartet mich?

56 km, ideal für einen halben bis ganzen Tag je nach Sightseeing-Ambitionen. Überwiegend flache Radwege direkt am See, teils asphaltiert, teils auf Schotter, bei Breitbrunn und Gstadt etwas eng und kurvig.

Wie komm' ich hin?

ÖPNV:

Bayerische Regiobahn, Bahnhof Bernau am Chiemsee, barrierefrei

Mit dem Auto:

Autobahn A8 bis Ausfahrt Felden am Chiemsee

Was muss ich sehen?

1 **Chiemseepark Felden**

2 **Schafwaschener Bucht**, Prien

3 **Strandbad Breitbrunn**, Breitbrunn

4 **Römermuseum Bedaium**, Seebruck

5 **Gut Ising**, Chieming

Wo tank' ich auf?

Zum Fischer am See, Harrasser Str.145, Prien

Fischhütte Reiter, Forellenweg 29, Prien

Stefano am See, Königstr.46a, Breitbrunn

Chiemsee Wirt, Söllerstr.4, Gollenshausen

Ristorante Il Cavallo, Schlossstr.5, Chieming

Wirtshaus zur Hirschauer Bucht, Hirschauer Bucht 1, Grabenstätt

Kartentipp: **ADFC Regionalkarte Chiemgau**

TOURSTART

Vom Bahnhof geht es zunächst rechts unter den Gleisen her, weiter rechts auf der Baumannstraße, links Am Mühlwinkl und geradeaus zum Chiemsee Uferweg.

Berühmt ist der gut 80 Quadratkilometer große Chiemsee nicht nur wegen seiner idyllischen Lage direkt vor den Alpen und wegen der romantischen Inseln und dem prachtvollen Schloss von König Ludwig II. auf Herrenchiemsee. Auch bei Freizeitradlern genießt der größte bayerische See einen exzellenten Ruf. Für eine Runde um den See starten wir in Bernau am Bahnhof. Dort hat man erstens eine gute Bahnanbindung und zweitens auch vernünftige Parkmöglichkeiten für Autofahrer. Und es gibt deutlich weniger Trubel als etwa in Prien am Chiemsee.

Nach der Überführung bei der Autobahn A8 erreicht man den **1 Chiemseepark Felden** samt Strandbad und einem großzügigen Freizeitangebot samt einem schönen Blick hinüber Richtung Herreninsel und Prien am Chiemsee.

Chiemsee Radweg bei Breitbrunn

*Der Weg weiter Richtung Prien verläuft zunächst über eine flache Wiese zur linken Seite und wird dann recht kurvig mit einigen Waldpassagen. Nach dem Restaurant Fischer am See (**Wegepunkt ❶**) fährt man an der Harrasser Straße entlang nach Norden. Eine sehenswerte, aber auch etwas anstrengende Passage auf der schmalen Straße, wo es an Wochenenden auch reichlich Verkehr gibt. Kurz nach der Klinik und dem Yachthotel erreicht man die Schiffsanlegestelle in Prien-Stock und hat nun auch wieder vernünftige Radwege.*

An dieser Stelle ist immer viel los. Hier starten die Schiffe zu den Inseln. Und das macht es zu einem beliebten Treffpunkt für Chiemseebesucher. Nebenan befindet sich auch das Erlebnisbad Prienavera.

*Weiter geht es nordwärts entlang der Osternacher Straße durch ein Wohngebiet und bald vorbei an der Fischhütte Reiter (**Wegepunkt ❷**), einer beliebten klassischen Imbissstation. Der Weg schlängelt sich weiter nordwärts, quert auf einer schmalen Brücke (**Wegepunkt ❸**) den Fluss Prien und passiert dann ein schönes, schattiges Strandbad. Kurz danach erreicht der Radweg die idyllische* **2 Schafwaschener Bucht**. *Rechts das ursprüngliche Chiemseeufer, links staatliche Villen*

Beim Strandbad Breitbrunn gibt es gute thailändische Küche

*und Landhäuser. Der Radweg begleitet die Straße bis zu einem Seminarhotel, biegt dann rechts ein (**Wegepunkt** ❹) auf die Straße Richtung Breitbrunn. Es sind nur wenige Meter, bis man wieder rechts abzweigt und dem Radweg durch flaches Gelände voller Schilfbewuchs folgt. Wir sind nun auf einem sehr ursprünglichen Teilbereich des Chiemseeufers, kommen bald an die Straße zum Gut Sassau, einer privaten Halbinsel, fahren hier links weiter (**Wegepunkt** ❺) und kommen bald zur Kailbachbucht, wo wieder deutlich mehr Leben ist.*

Das 3 **Strandbad Breitbrunn** ist mit der sanft abfallenden Liegewiese nicht nur ideal zum Baden. Es ist auch ein beliebter Rastplatz für Radler und bekannt für gute fernöstliche Küche. Die Küchenchefin stammt auch aus dieser Region.

*Vom Strandbad geht es links leicht bergauf, dann schlängelt sich der Weg am See entlang, passiert einen Yachthafen und den Segel-Club, zieht weiter am Ufer entlang mit schönem Blick hinüber zur Herreninsel, die nur wenige hundert Meter entfernt ist. In diesem Abschnitt empfiehlt es sich, vorsichtig zu fahren. Es gibt einige unübersichtliche Kurven, dazu ist der Radweg, der auch von Fußgängern benutzt wird, schmal. Bald geht es wieder in den Wald mit einigen kurzen Anstiegen und Abfahrten. Der Weg folgt dem Schilfufer und passiert den Aussichtsturm beim Ganszipfel (**Wegepunkt** ❻). Auf dem letzten Kilometer bis Gstadt zieht der Weg schnurgerade am Ufer entlang.*

Links sieht man etliche herrschaftliche Villen mit großzügigen Gärten. Es ist schon eine recht exklusive Wohngegend hier rund um Gstadt. Viele der feudalen Landsitze sind nur vom See aus zu sehen. Gstadt ist ein kleiner lebhafter Ort, was vor allem daran liegt, dass hier die **Chiemseeschiffe** hinüber zur Fraueninsel starten. Und das ist ein beliebtes Ausflugsziel.

DIe Chiemsee Schifffahrt transportiert auch Radler

Tipp: Mit der Chiemsee Schifffahrt kann die Radtour übers Wasser abgekürzt werden.

Typisch für den Chiemsee ist die Ansammlung von Ausflugslokalen, Bootsverleihen und Badestränden. Den schönsten Blick über den See mit der Fraueninsel und den Chiemgauer Bergen im Hintergrund hat man ein Stück weiter nördlich nach einer sanften Steigung. Ein recht beliebtes Fotomotiv nicht nur für Radfahrer.

So fotogen ist der folgende Abschnitt bis Gollenshausen nicht mehr. Der gerade Weg zieht sich an waldreichen Parkgrundstücken entlang mit einem Abschnitt an der Straße.

Gollenshausen ist ein beschaulicher Ort mit einem schönen Biergarten beim Seehäusl. Bei Seglern ist das kleine Dorf recht beliebt.

Blick auf das Kloster auf der Fraueninsel

*Vorbei am Hotel Malerwinkl, um dessen Neubau es viele Diskussionen gab, und dem Lambacher Hof, zwei etablierten Ausflugslokalen, kommt man schließlich nach Seebruck. Wir sind nun am nördlichsten Ort vom Chiemsee, radeln durch ein Wohngebiet bis zum alteingesessenen Seehotel Wassermann (**Wegepunkt 7**). Rechts führt eine Straße zu dem weitläufigen Strandbad von Seebruck.*

Auch hier gibt es eine Station der Chiemsee Schifffahrt, falls jemand den Weg abkürzen will. Falls Platz vorhanden, werden auf den Schiffen auch Räder mitgenommen. Natürlich gegen Aufpreis.

Am nördlichen Seeufer bei Seebruck

Seebruck hat übrigens auch eine bemerkenswerte Geschichte, die bis auf die Römerzeit zurück geht. Die exponierte Lage direkt am Abfluss der Alz war wohl mit ausschlaggebend dafür, dass hier vor rund 2.000 Jahren das römische Kastell Bedaium entstand. Mehr zu dieser Historie findet man im gleichnamigen 4 **Römermuseum** in Seebruck. Nach der Brücke über die Alz begleitet der Radweg rechts die Straße Richtung Chieming am Ufer entlang. Zahlreiche Lokale und Campingplätze säumen den Weg. Seebruck ist eben ein beliebter Urlaubsort. Für die nächsten fünf Kilometer hält sich der Radweg nah am Chiemseeufer.

Reisemobilstellplätze an oder nahe der Route

Wohnmobilpark am Tenniszentrum, Buchenstr.17, Bernau

Wohnmobilstellplatz Herbert Steiner, Almfischer 11, Übersee

E-Bike Ladestationen an oder nahe der Route

Hafen Prien-Stock, Seestr. 108, Prien am Chiemsee

Strandbad Schafwaschener Bucht, Westernach 6, Rimsting

Restaurant Lake o`mio, Julius-Exter-Promenade 15, Übersee

Chiemseepark Felden, Bernau

Eisdiele Dotta, Aschauerstr.11, Bernau

*Ein reizvoller Abstecher bietet sich nach etwa zwei Kilometern an. Kurz vor Arlaching kann man links (**Wegepunkt 8**) etwa 700 Meter leicht bergauf bis Ising fahren.*

Eine kleine feine Enklave mit Reitgut, Internat und interessanter Gastronomie. Neben dem schlossähnlichen 5 **Gutshof** steht die Wallfahrtskirche, die im 15. Jahrhundert im spätgotischen Stil erbaut und später barockisiert wurde. Für Radler verlockend wäre eine Pause auf der großen Terrasse des italienischen Ristorante Il Cavallo mit schönem Blick auf den See.

Danach geht es sanft bergab zurück zum offiziellen Radweg und für weitere vier Kilometer über Stöttham bis Chieming.

Nach Prien ist dies der zweitgrößte Ort am See und im Sommer ist er entsprechend gut besucht. An der Promenade direkt am See ist an Sonntagen viel los. Es lohnt sich für Radfahrer also, auf nahe Nebenstraßen auszuweichen. An Einkehrmöglichkeiten mangelt es nicht. Hier kann man sich beim Fischer mit geräucherten Renken oder Forellen versorgen oder beim Italiener mit Seeblick pausieren. Dazu gibt es Biergarten, Minigolf und Eisverkäufer und am Südrand einen langgezogenen Campingplatz. Auch in Chieming gibt es eine Station der Chiemseeschifffahrt.

*Wenige hundert Meter nach Chieming wird es auf dem Radweg gleich wieder ruhiger, geht es am Yachthafen und später beim beliebten Restaurant Chiemseefischer vorbei. Nach der kurzen Etappe an der Straße zieht der Weg wieder nach rechts (**Wegepunkt 9**) Richtung See über flache Wiesen und schattige Waldpassagen. Ganz ans Ufer kommen wir hier nicht, denn der Uferbereich gehört zum Schutzgebiet. Auf einer Forststraße radelt man durch den Wald und erreicht bald ein beliebtes Ausflugslokal.*

Das Gasthaus **Hirschauer Bucht** ist ein uriges Holzhaus mit Gastgarten und ein gut frequentierter Radlertreff. Allerdings sind in der Gegend auch Mücken gerne unterwegs. Vom Gasthaus ist es ein kurzes Stück zu einem Aussichtsturm auf die Hirschauer Bucht. Das Gebiet rund um die Mündung der Tiroler Ache ist seit 1954 ein Naturschutzgebiet und ein Ruhegebiet für

Vögel und Fische, darf also in der innersten Zone nicht durchfahren und durchschwommen werden. Mehr als 1.200 Hektar ist das Schutzgebiet groß. Rund 300 Vogelarten wurden hier registriert. Ein großes Problem für den Chiemsee ist, dass die Ache auf ihrem Weg heraus aus den Tiroler Bergen für einen starken Verlandungseffekt sorgt und das Mündungsgebiet regelmäßig freigebaggert werden muss.

Mitten in der Schilflandschaft: das Gasthaus Hirschauer Bucht

Nach dem Gasthaus Hirschauer Bucht umkreist der Radweg das Schutzgebiet, zieht geradewegs nach Süden bis kurz vor die Autobahn A8. Dort folgen wir der Autobahn nach rechts, überqueren die Tiroler Ache auf einer alten Brücke und radeln in derselben Richtung weiter bis zur Autobahnauffahrt Feldwies Übersee. Hier bietet sich nun ein kurzer Ausflug zur Feldwieser Bucht an. Nach rechts führt eine Zufahrtsstraße, dann zwischendurch auch ein eigener Radweg am Seeufer entlang.

Vor allem an den Wochenenden ist hier im Sommer viel los. Es gibt mehrere Lokale im Uferbereich. Besonders populär ist die Sundowner Bar direkt neben der großen Liegewiese des offiziellen Strandbads.

*Von der Feldwieser Bucht aus beginnt die letzte Etappe auf unserer Rundfahrt. Dazu fährt man auf einer asphaltierten Straße westwärts entlang der Autobahn und passiert verschiedene Uferbereiche, unter anderem auch ein diskret angelegtes und nicht einsehbares FKK-Gebiet. Nach rund vier Kilometern wechselt der Radweg bei einer Unterführung auf die andere Seite der Autobahn (**Wegepunkt** ⑩). Der stetige Geräuschpegel bleibt der gleiche. Gut drei Kilometer sind es dann noch auf einer relativ breiten Straße, die fast nur von Radfahrern bevölkert ist, bis man zum Ausgangspunkt unserer Runde kommt. Nach einer Unterführung rechts fährt man vorbei an einer Privatklinik und kommt nach wenigen hundert Metern wieder zum Chiemseepark Felden und radelt links über die Autobahn und auf der Chiemseestraße Richtung Zentrum von Bernau, bis links die Straße zum Bahnhof abzweigt.*

Ruheplatz am Waginger See

Tour 21

Länge 39 km

STILVOLLE SEENRUNDE IM CHIEMGAU

Wie siamesische Zwillinge liegen der Waginger See und der Tachinger See im nördlichen Chiemgau – eine genussvolle Radtour.

Der nördliche Chiemgau hat seine besonderen Qualitäten. Vor allem gilt das für die Gegend rund um den Waginger See. Hier genießt man Ruhe und ländliche Beschaulichkeit. Das gilt auch für die Radtour rund um die beiden Nachbarn, den bekannten Waginger See und den Tachinger See. Eine gemütliche Runde auf schönen und oft aussichtsreichen Wegen hauptsächlich auf Radwegen mit Asphalt und Schotter und mit vielen Gelegenheiten für Bade- und Biergartenpausen.

Was erwartet mich?

39 km, eine Rundtour überwiegend auf Radwegen sonst auf ruhigen Nebenstraßen, teilweise neben der Staatsstraße. Steigungen sind bis auf den Abstecher zur Wallfahrtskirche Maria Heimsuchung kurz vor Waging am See eher selten.

Wie komm' ich hin?

ÖPNV:
Regionalbahn 59, Bahnhof Waging

Mit dem Auto:
Autobahn A8, Abfahrt „Traunstein/Siegsdorf", Richtung Traunstein und weiter in Richtung Waging a. See oder über B304, bei Traunreut St 2104 Richtung Waging a. See

Was muss ich sehen?

1 **Aussichtsplatz** bei der Wallfahrtskirche St. Coloman

2 **Bajuwarenmuseum**, Waging a. See

Wo tank' ich auf?

Boadwirt, Hauptstraße 2, Tettenhausen

Zum alten Fährhaus, Gut Horn 4, Waging am See

Café Götzinger, Seestraße 43, Petting

TOURSTART

*Wir beginnen im Zentrum von Waging bei der Tourist Information. Zum Strand ist es von hier gut einen Kilometer. Dazu radelt man auf der Strandbadallee ortsauswärts am Kurpark vorbei, quert die Staatsstraße und kommt direkt zum Campingplatz (**Wegepunkt ❶**). Dort geht es links weiter in die Kurhausstraße, an der Bootswerft vorbei und bis zum großen Parkplatz beim Strandkurhaus.*

Wer ihn kennt, liebt ihn. Zwar zählt der Waginger See zu den eher kleineren Badeseen im Rupertiwinkl im südöstlichen Oberbayern. Mit 8,8 Quadratkilometern Fläche, rechnet man den direkt verbundenen Tachinger See dazu, ist er recht überschaubar. Dafür aber hat er mit einer durchschnittlichen Wassertemperatur von 27 Grad den Ruf, der wärmste Badesee in Oberbayern zu sein. Klar, dass es hier auch entsprechend gute und zahlreiche Bademöglichkeiten gibt. Das gilt vor allem für den Ort Waging mit seinem großen Strandbad rund um das Kurhaus und dem weitläufigen Fünfsterne-Campingplatz. Waging ist auch

Blick über den Tachinger See

der Hauptort am See und damit ein idealer Startort für unsere Rundfahrt.

Im Strandkurhaus begann einst die Karriere des berühmten Kochs **Alfons Schuhbeck**, der aus Waging stammt und dessen Restaurant im Kurhaus zur Society-Adresse wurde, bevor er dann nach München wechselte. Von 1980 bis 2002 betrieb Schuhbeck das Kurhausstüberl direkt am See. Rund um das Kurhaus gibt es viel Platz am Seeufer, was auch nötig ist, denn der Campingplatz ist ja nicht gerade klein.

*Unsere Tour führt nun am Seeufer entlang nach Norden vorbei an der Windsurfschule und am Segelclub bis zum Strandbad Seeteufel (**Wegepunkt** ❷). Danach verlassen wir das Seeufer für ein kurzes Stück und radeln an der Staatsstraße 2105 entlang, kommen bald zu einer rechts abzweigenden Straße. Hier endet der Waginger und beginnt der Tachinger See (**Wegepunkt** ❸). Die Straße führt mit einer Brücke hinüber nach Tettenhausen, das wir später nach unserer Runde um den Tachinger See erreichen. Wir radeln also nach Norden weiter an der Straße entlang. Nun folgt der Radweg auf der linken Straßenseite der Staatsstraße bis zum idyl-*

Bei Föhnwetter sind die Berge ganz nah

lisch gelegenen Dorf Taching. Wir sind nun offiziell am Tachinger See unterwegs und können uns hier auf den schönsten Teil der Runde freuen. Auch in Taching gibt es rechts einen Campingplatz mit Strandbad. Weiter geht die Fahrt auf dem Radweg bis Mauerham.

Dort könnte man beim **Sailerhof** in der hauseigenen Brennerei eine Führung mitmachen und sich mit Hochprozentigem versorgen. Eine Kostprobe sollte man eher auf später verschieben.

*Knapp zwei Kilometer sind es dann noch bis Tengling, dem größten Dorf am Tachinger See. Dort sind wir zwar einen guten Kilometer vom Seeufer entfernt. Aber das ändert sich bald. Dazu biegen wir hier rechts ab (**Wegepunkt ❹**) und fahren vorbei an der markant gelben Kirche St. Coloman.*

Ein kurzer Stopp links hinauf lohnt sich nicht nur wegen des schönen gotischen Flügelaltars. Hier hat man auch einen grandiosen 1 **Ausblick** auf die beiden Seen und die Berchtesgadener Berge im Hintergrund. Wir sind hier am nördlichsten Punkt unserer Runde. Wenige hundert Meter sind es noch zum See und zum Strandbad Tengling.

*Bis zum nächsten Ort Tettenhausen begleitet unser Weg das Seeufer, führt aber längere Strecken durch Waldpassagen. Der Güterweg kommt kurz vor Tettenhausen bei Bicheln wieder auf offenes Gelände (**Wegepunkt** ❺). Hier hat man wieder herrliche Aussichten über See und Berge. Nun ist man wieder auf asphaltierten Nebenstraßen unterwegs, kommt nach Tettenhausen. Dort gibt es natürlich auch ein Strandbad. In Tettenhausen kreuzen wir den Mozart-Radweg und fahren weiter geradeaus nach Süden.*

Das Innenleben der St. Coloman Kirche

Vorher könnte man noch am Strandbad beim **Boadwirt** eine Pause einlegen und den Blick auf den See genießen.

Wir haben nun gut die Hälfte der Umrundung absolviert und sind den kompletten Tachinger See abgeradelt. Der Rest der Runde gehört nun dem Waginger See. Nächste Station ist das Gut Horn, eine weitläufige Ferienanlage mit Strandbad und Camping, dessen Kernstück ein historischer Gutshof ist. Vom Strand aus hat man einen guten Blick hinüber nach Waging zum Kurhaus, das nicht weit entfernt ist und wo unsere Tour begann. Als es die Brücke in Tettenhausen noch nicht gab, fuhr hier die damals wichtigste Fähre zwischen Waging und dem Ostufer. Deshalb heißt das Restaurant im Gut Horn auch „zum alten Fährhaus".

Reisemobilstellplätze mit E-Bike Ladestationen an oder nahe der Route

Strandcamping Waging am See, Am See 1, Waging am See
Ferienparadies Gut Horn, Gut Horn 2, Waging am See
Camping Schwanenplatz, Am Schwanenplatz 1, Waging am See

*Nun radeln wir entlang des ruhigen Ostufers nach Süden bis zum kleinen Ort Wolkersdorf, dann weiter Richtung Lampoding, wo wir rechts einen Abstecher direkt zum See und zum Seewirt unternehmen können, einem schön gelegenen Lokal beim Campingplatz. Von dort ist es nicht mehr weit bis Petting, das recht nah am Südufer des Sees liegt. Dort mündet die Götzinger Ache in den See. In Petting geht es auf der Seestraße an der Feuerwehr vorbei bis zur großen Kreuzung (**Wegepunkt ❻**). Dort erwartet uns der Radweg, der auf den nächsten fünf Kilometern die Staatsstraße 2104 nach Waging begleitet. Dort fahren wir immer in Seenähe weiter, könnten beim Badeplatz Salzachinsel (**Wegepunkt ❼**) noch eine Pause einlegen. Kurz vor Waging sehen wir rechts einen ersten größeren Campingplatz. Wir biegen hier von der St2104 links ab, sofort wieder rechts und hinter der Feuerwehr links. Wir halten uns rechts, kommen durch ein Wäldchen, biegen links und die nächste rechts ab.*

Gaden ist ein kleiner Weiler fast am Ortsrand von Waging, von wo aus wir einen Abstecher hinauf zur **Wallfahrtskirche Maria Heimsuchung** auf dem Mühlberg direkt vor Waging machen. Ein kontemplativer Platz und ein bezaubernder Aussichtspunkt mit Blick

Am Ostufer des Tachinger Sees

über die beiden Seen und die ganze Region. Die Kirche aus dem frühen 18. Jahrhundert ist bekannt für ihre umfangreiche Sammlung an historischen Votivbildern.

*Auf dem Mühlbergweg kommt man dann direkt nach Waging, quert die Umgehungsstraße (**Wegepunkt 8**) und fährt auf dem Mühlberger Weg am Sportplatz vorbei, kommt so direkt zur Tourist Information, wo wir gestartet sind.*

Zum Ende der Tour, die ja auch nicht sehr lang und anstrengend war, könnte man sich noch etwas Sightseeing gönnen. Waging hat da einiges zu bieten. Zum Beispiel das 2 **Bajuwarenmuseum**, wo man viel über die Herkunft und Geschichte der Bayern erfährt. Waging am See ist übrigens Kreuzungspunkt zweier interessanter Fernradwege. Einmal startet hier die Rundstrecke der Bajuwarentour, die von hier durch den Rupertigau hinüber nach Österreich eine große Schleife macht auf den Spuren der bajuwarischen Geschichte. Und dann kommt hier der Benediktweg vorbei, ein 248 Kilometer langer Radpilgerweg, der dem ehemaligen Papst Benedikt XVI., der ja im Chiemgau aufgewachsen ist, gewidmet ist.

München mit Alpenpanorama

MÜNCHNER BIERGARTENRUNDE

Mit dem Rad in die Natur und zum Biergarten – wirklich reizvoll ist das entlang der Isar in den Perlacher Forst.

Dieser Ausflug kann sich auf angenehme Art in die Länge ziehen. Von München aus geht es auf Radwegen entlang der Isar bis zum Nobelvorort Grünwald und dann in den Perlacher Forst, wo gleich zwei Biergartenklassiker warten. Nach der Einkehr im Forsthaus Wörnbrunn oder bei der Kugleralm ist die Rückfahrt denkbar einfach. Schnurgerade und ohne große Hindernisse durch den Perlacher Forst Richtung Isar und Zentrum. Eine entspannte, familientaugliche Runde.

Was erwartet mich?

34 km, eine Radrunde vom Zentrum in München raus ins Grüne. Im Grünwalder und Perlacher Forst auf schattigen und leicht zu fahrenden Forststraßen, heimwärts auf einem gut ausgebauten Weg durch den Perlacher Forst. Unterwegs gibt es vor allem vor Grünwald einige Passagen, wo gut profilierte Reifen sinnvoll sind.

Wie komm' ich hin?

ÖPNV:
S-Bahn Station Gasteig, barrierefreier Ausgang Richtung Rosenheimer Platz

Mit dem Auto:
Autobahn A9 oder A8 bis München, Parkmöglichkeiten im Parkhaus Gasteig Kulturzentrum, Rosenheimer Str.5

Was muss ich sehen?

1 Deutsches Museum
2 Müller´sches Volksbad
3 Kulturzentrum Gasteig
4 Flaucher Park
5 Tierpark Hellabrunn

Wo tank' ich auf?

Forsthaus Wörnbrunn, Wörnbrunn 1, Grünwald
Kugler Alm, Linienstr.93, Oberhaching

Kartentipp: **ADFC Regionalkarte München und Umgebung**

TOURSTART

Los geht es mitten in der Stadt beim 1 **Deutschen Museum**, *dem* 2 **Müller'schen Volksbad** *und zu Füßen des* 3 **Kulturzentrums Gasteig** *und damit direkt am Isarufer. Im Prinzip gibt es auf beiden Seiten der Isar Radwege Richtung Süden. Wir nehmen die Variante am Ostufer, radeln entlang des Stadtteils Au, einem recht traditionellen Viertel mit kleinen Gassen und viel Historie, und unterqueren fünf Brücken.*

Das Deutsche Museum mitten in München

In der Zeppelinstr. 41 steht das Geburtshaus von Karl Valentin. Bekannt ist das Viertel auch für die **Auer Dult**, eine große Marktveranstaltung bei der Mariahilf Kirche. Der Radweg begleitet geradewegs die Isar und ist immer wieder aufgeteilt in Fußgänger- und Radlerspur. An Wochenenden ist hier viel Verkehr. Man sollte also vorsichtig unterwegs sein. Unten auf den Wiesen sind meist viele Leute beim Baden und/oder Grillen. Bald kommen wir zum 4 **Flaucher**, einem weitläufigen Gelände mit Wiesen und Kieselstränden – eine Münchner Institution, wo gerne und viel gefeiert wird.

Wer in München einen Ausflug ins Grüne machen will, hat eine erstaunlich große Auswahl. Innerstädtisch gibt es mit dem **Englischen Garten** und dem **Nymphenburg Park** zwei herrliche und weitläufige Grünanlagen mit hohem Freizeitwert. Und wer ein wenig raus aus der Stadt will, braucht sich nur auf den Radweg entlang der Isar Richtung Süden zu begeben. Das Ufer der Isar mit großzügigen Wiesenflächen lockt viele Leute an, Einheimische ebenso wie Touristen, und dann gibt es mit dem **Perlacher Forst** noch viel mehr Natur und einige interessante Attraktionen.

Weitere Informationen zu den Sehenswürdigkeiten in der Stadt finden Sie im **Ortsporträt München** (S. 38).

Kurz nach dem Flaucher passieren wir die Thalkirchner Brücke.

Im Ortsteil Thalkirchen ist auch der 5 **Tierpark Hellabrunn** zuhause, den wir kurz danach streifen. Wer hier einen Stopp einlegen will: der Eingang ist gleich hinter der Thalkirchner Brücke. Doch zurück zur Radtour.

Grüne Isarauen nicht weit vom Zentrum

*Wir radeln weiter an der Isar entlang, kommen bald zur Marienklauserbrücke (**Wegepunkt ❶**) und Grosshesseloher Brücke (**Wegepunkt ❷**). Allmählich wird es mit dem Verkehr auf dem Radweg auch ruhiger. Und die Umgebung wird zunehmend ursprünglicher. Der Weg bekommt dazu rustikalere Qualitäten. Die breite Forststraße wird etwas steiniger und absolviert immer wieder kurze Buckel mit Bergauf- und Bergabpassagen. Man muss sich also etwas mehr auf den Weg konzentrieren. Das bleibt auch bis Grünwald so. In dem berühmten Nobelvorort landen wir direkt an der Straße zur Grünwalder Brücke (**Wegepunkt ❸**) und fahren dort ein kurzes Stück bergauf bis ins Zentrum. Wir kommen dann bis zum Marktplatz. Hier ist von der Exklusivität des Ortes nicht viel zu sehen. Einzig die vielen teuren Autos auf der Straße lassen das erahnen.*

Typisch für Grünwald ist, dass die noblen Residenzen sehr versteckt sind. Leute, die hier wohnen, wollen auch ihre Ruhe haben. Bei der Durchfahrt wirkt der Ort, in dem auch viele FC Bayern Fußballer wohnen, recht normal.

Unser nächster Orientierungspunkt ist der Friedhof am Südrand von Grünwald. Dorthin kommt man entweder auf der zentralen Tölzer Straße oder auf ruhigeren parallelen Nebenstraßen. Kurz nach dem Friedhof zweigt

Reisemobilstellplätze an oder nahe der Route

Stellplatz Allianz Arena, Werner-Heisenberg-Allee 25, München

E-Bike Ladestationen an oder nahe der Route

Schlossstr.14, Grünwald
Kugler Alm, Linienstr.93, Oberhaching

*links ein breiter Weg in den Wald ab (**Wegepunkt ❹**), wo es auch zu einem Walderlebniszentrum geht. Das ist auch nur wenige hundert Meter entfernt. Unser Weg zieht links nach Nordosten und streift den Rand von Grünwald. Wir fahren weiter auf dem gut ausgebauten Weg durch den Wald, passieren eine Kreuzung und kommen schließlich zur Oberhachinger Straße (**Wegepunkt ❺**). Ganz offiziell sind wir jetzt gewechselt vom Grünwalder Forst in den Perlacher Forst. Optisch macht das freilich keinen Unterschied. Die Straße wird direkt überquert und der Weg taucht wieder in den Wald ein. Bald erreichen wir eine Lichtung und eine Straße, halten uns rechts und landen direkt vor dem Forsthaus Wörnbrunn.*

Der Eingang zum Forsthaus Wörnburnn

Das traditionsreiche **Lokal** ist eine Münchner Institution. Rechts sieht man das Damwildgehege, links das Lokal und daneben den klassischen Biergarten. Nach wechselhaften Jahren hat sich das einst berühmte Lokal der Wirtslegende Richard Süßmeier mit neuer Leitung wieder gut aufgestellt. Die Küche ist ländlich gediegen, die Preise sind es angesichts der Nähe zu Grünwald natürlich auch. Übrigens kann man hier auch übernachten. Aber es wartet noch eine weitere Biergarteninstitution.

*Dazu nehmen wir den Weg gerade über eine Wiese in den Wald hinein, fahren etwa 1,5 Kilometer weiter durch den Wald, bis wir an einen asphaltierten Weg kommen (**Wegepunkt ❻**). Rechts geht es auf diesem Radweg weiter vorbei an gut situierten Landhäusern. Einen knappen Kilometer später sehen wir schon die zahlreichen geparkten Autos vor dem Lokaleingang.*

Wobei ein Lokal ist es nicht. Es sieht aus wie ein ganzer Komplex mit mehreren Gebäuden. Die **Kugler Alm** ist eines der beliebtesten Ziele für Radausflüge um München. Das erkennt man schon an den unzähligen Rädern, die hier geparkt sind. Ein paar Meter sind es dann bis zu dem weitläufigen Biergarten, wo man sich an verschiedenen Ständen selbst versorgen kann.

Angefangen hat es 1985, als Franz Xaver Kugler eine Eisenbahnerkantine eröffnete. Direkt daneben verläuft auch heute noch eine Bahnlinie. Zum Angebot gehören regionale Klassiker vom Steckerlfisch bis zur Schmalznudel. Eine Legende freilich ist, das hier der Radler erfunden wurde, das Mischgetränk aus Bier und Limonade.

Die legendäre Kugler Alm südlich von München

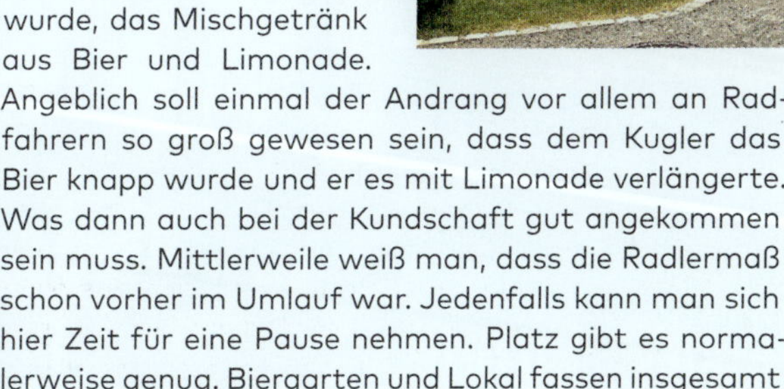

Angeblich soll einmal der Andrang vor allem an Radfahrern so groß gewesen sein, dass dem Kugler das Bier knapp wurde und er es mit Limonade verlängerte. Was dann auch bei der Kundschaft gut angekommen sein muss. Mittlerweile weiß man, dass die Radlermaß schon vorher im Umlauf war. Jedenfalls kann man sich hier Zeit für eine Pause nehmen. Platz gibt es normalerweise genug. Biergarten und Lokal fassen insgesamt knapp 2.500 Gäste.

*Die Fahrt zurück ist zumindest geographisch ziemlich einfach. Man nimmt wieder den gleichen asphaltierten Radweg, auf dem im Bereich der Wohnhäuser hin und wieder auch Autos unterwegs sind. Unsere Rückfahrt Richtung Zentrum verläuft schnurgerade durch den Forst und endet an der Geiselgasteigstraße (**Wegepunkt 7**).*

Hier könnte man links noch einen Abstecher zur Filmstadt Geiselgasteig machen. In den Studios entstanden berühmte Filme wie „Das Boot" oder „Jim Knopf und Lukas der Lokomotivführer" und unzählige TV-Serien. Bei einer Führung kann man eintauchen in die Welt der Filmkulissen.

Auf der anderen Seite der Geiselgasteigstraße kommt man zum Isarhochufer. Man hat nun die Wahl, ob man wie beim Hinweg unten am Isarufer radelt oder oben am Hochufer mal etwas Neues sieht. Am Hochufer hat man allerdings einige Passagen auf Nebenstraßen, landet aber ebenso im Stadtviertel Au, wo wir auch gestartet sind.

Nostalgie mitten in der Stadt: Müller'sches Volksbad

Tour 23 Länge 35 km

AN DER ISAR VON MÜNCHEN NACH FREISING

Viel Geschichte und Kultur gehören zu diesem kurzen Ausflug entlang der Isar. Eine leichte und familienfreundliche Tour.

Eine klassische Sightseeingtour von München aus ist die Fahrt entlang der Isar auf dem offiziellen Isar-Radweg nach Freising. Am Ziel in Freising warten einige Sehenswürdigkeiten für Menschen, die sich für Kultur und Geschichte interessieren und auch mehr über die Geschichte des Biers in Bayern erfahren wollen. Und das ist ja eine besondere Geschichte. Praktisch: zurück kann man mit Bahn oder S-Bahn fahren.

Was erwartet mich?

35 km, eine Streckentour entlang der Isar flussabwärts überwiegend auf Radwegen, die meist mit Schotter bedeckt sind. In sportlicher Hinsicht ist die Strecke nicht anspruchsvoll.

Wie komm' ich hin?

ÖPNV:

Mit der S-Bahn auf der Hauptstrecke zwischen Marienplatz und Ostbahnhof zur Station Gasteig, barrierefreier Ausgang

Mit dem Auto:

Auf der Autobahn A8 oder A9 bis München. Parkmöglichkeiten im Parkhaus Gasteig in der Rosenheimer Str.5

Was muss ich sehen?

1 **Kulturzentrum Gasteig**,
2 **Deutsches Museum**,
3 **Müller`sches Volksbad**,
4 **Alpines Museum**,
5 **Allianz Arena**,
alle in München
6 **Dom St. Maria und St. Korbinian**, Freising
7 **Weihenstephaner Berg mit Hofgarten**, Freising

Wo tank' ich auf?

Biergarten am Chinesischen Turm, Englischer Garten 3, München

Gasthof Aumeister, Sondermeierstr.1, München

Weißbräu Huber, General-von-Nagel-Str. 5, Freising

Bräustüberl Weihenstephan, Weihenstephaner Berg 10, Freising

Junker`s Café, Fischergasse 4, Freising

TOURSTART

Diese Tour beginnt mitten in München beim [1] **Kulturzentrum Gasteig** *an der Isar und kann auf der rechten wie auch auf der linken Seite der Isar verlaufen. Wir bleiben zunächst auf der rechten Seite.*

Bevor wir richtig losfahren, könnte man hier noch einige besondere Sehenswürdigkeiten besuchen. Da ist zum Beispiel das [2] **Deutsche Museum** direkt an der Isarbrücke, eines der weltweit größten Museen zu Naturwissenschaft und Technik. Und dann liegt direkt am Radweg auch das [3] **Müller'sche Volksbad**, ein sehr nostalgisches Jugendstil-Hallenbad, das bei den Münchnern sehr beliebt ist. Aber das würde sich wohl besser für die Rückkehr von Freising anbieten.

Weitere Informationen zu den Sehenswürdigkeiten in der Stadt finden Sie im **Ortsporträt München** (S. 38).

Nur wenige Meter am Ostufer der Isar sind es bis zu einer anderen, nicht ganz so bekannten, aber trotzdem sehr reizvollen Sehenswürdigkeit.

Die kleine Praterinsel ist ein beliebtes Freizeitziel für die Münchner, auf der es es neben einem Biergarten auch das [4] **Alpine Museum** des Deutschen Alpenvereins gibt. Dort gab es schon vor über 200 Jahren ein Gasthaus und später auch eine Schnapsfabrik, die heute aber nicht mehr existiert.

*Hinter der Praterinsel wechseln wir mit der Prinzregentenstraße die Uferseite (**Wegepunkt ❶**) und radeln weiter nordwärts. Nun begleiten wir den Rand des Englischen Gartens für ein längeres Stück. Hier bieten sich natürlich auch Abstecher in die ebenso große wie berühmte Parkanlage an.*

375 Hektar ist der **Englische Garten** groß. Der Name kommt daher, dass man sich bei der Anlage im späten 18. Jahrhundert an englischen Parkanlagen orientierte, die damals wie heute einen exzellenten Ruf besaßen. Zu den berühmten Sehenswürdigkeiten zählen der Chi-

Fast ein Wahrzeichen: Monopteros im Englischen Garten

nesische Turm samt Biergarten, der Monopteros, ein klassizistischer Rundtempel mit 15 Metern Höhe, und das Japanische Teehaus.

*Unsere Tour geht weiter an der Isar entlang vorbei am nördlichen Teil des Englischen Gartens, der auch Hirschau heißt. Bald erreichen wir den Stadtteil Oberföhring, wo der Isarkanal abzweigt (**Wegepunkt ❷**), den wir bei der Stauwehr überqueren und weiter geradeaus radeln. Kurz danach erreichen wir die St. Emmeram Brücke, eine überdachte Eisenbrücke.*

Hier könnte man auf die westliche Uferseite wechseln und einen Abstecher zum gut einen Kilometer entfernten **Biergarten Aumeister** machen – ebenfalls eine Münchner Institution mit gut 200jähriger Geschichte und einem wirklich großzügigen Biergarten mit 2.500 Plätzen.

Entlang der Isar endet allmählich die Grünfläche des Englischen Gartens und wird von einem Wohn- und Gewerbegebiet abgelöst. Nur wenige Meter entfernt auf der anderen Seite der Isar befinden sich die Anlagen und Sendestudios des Bayerischen Rundfunks. In der Folge

Kontraste: Allianz Arena
und Heilig Kreuz Kirche

Reisemobilstellplätze an oder nahe der Route

Alpaca Camping,
Ismaninger Str. 83, Freising
Wohnmobilstellplatz an der Korbiniansbrücke,
Luitpoldstr., Freising

E-Bike Ladestationen an oder nahe der Route

Allianz, Dieselstr. 7,
München-Unterföhring
Rewe, Rothmeierstr. 2,
Hallbergmoos
Tourist Info, Rindermarkt 20,
Freising
SteinCenter,
Weinmillerstr. 5, Freising

*wird es rechts und links der Isar wieder sehr grün, und wir fahren weiter nördlich, während der Mittlere Isarkanal einen Bogen nach rechts macht und sich von der Isar etwas verabschiedet. Wir kommen bei einer langen Rechtskurve der Isar schließlich zum Isarsteg Unterföhring (**Wegepunkt ❸**).*

Dort könnte man links einen Ausflug hinüber zur berühmten **5 Allianz Arena** machen, die von der Isar aus praktisch hinter dem großen Windrad steht. Dazu fährt man vom Steg geradeaus zur Freisinger Landstraße, dort rechts und über den Lottisa Behling Weg zur Autobahn A9, wo man rechts auf dem Kurt Landauer Weg über eine Brücke direkt zum Gelände der Allianz Arena kommt. Fünf bis zehn Minuten ist man für diesen Abstecher unterwegs.

Die Altstadt in Freising

Doch nun wieder zurück zur Isar. Nach dem Isar Steg in Unterföhring absolviert die Isar ein paar Kurven und streift rechts den Ort Ismaning, von dem man allerdings nicht sehr viel sieht, weil die Isar auch weiterhin von einem grünen Gürtel umrandet ist.

*Bald kommt eine Brücke mit der Bundesstraße 471 (**Wegepunkt ❹**). Danach radeln wir weiter, passieren auf der linken Seite schließlich Garching, wo sich das weitläufige Gelände der Technischen Universität München ausbreitet. Dahinter wechseln wir die Uferseite (**Wegepunkt ❺**) und erreichen nach weiteren fünf Kilometern die Autobahn A92.*

Nun fehlen nur noch sechs bis sieben Kilometer bis Freising entlang der Isar. Wir verlassen die Isar nach links zum Bahnhof. Die Bahn oder S-Bahn bringt uns mit dem Rad von Freising bequem wieder zurück nach München.

Über die Bahnhofstraße gelangen wir ins Zentrum von Freising und nach rechts direkt zum Marienplatz.

Das Zentrum von Freising ist der Marienplatz mit dem Rathaus und der Mariensäule, die seit 1674 dort steht. Die Altstadt ist voller historischer Gebäude im Barock- und Rokokostil und engen alten Gassen mit

Kopfsteinpflaster. Wer zum nahen Domberg hinauf will, muss ein paar Meter bergauf strampeln. Oben gibt es neben der schönen Aussicht auf die Stadt auch den 6 **Mariendom** mit den zwei kantigen Kirchtürmen, mit Stuckarbeiten der Gebrüder Asam und einem Hochaltar mit Arbeiten von Peter Paul Rubens.

Und dann wäre da noch der 7 **Weihenstephaner Berg**, wo es nicht nur universitäre Forschungseinrichtungen gibt, sondern auch das Zentrum der bayerischen Bierforschung. Das hat hier eine lange Tradition, ebenso wie die Staatsbrauerei Weihenstephan, weshalb Freising auch gerne als Mekka der Bierbrauerei bezeichnet wird – zumindest in Bayern. Für praktische Erfahrungen gibt es etliche Wirtshäuser und Biergärten.

Das berühmte Bräustüberl in Weihenstephan

Weitere Informationen zu den Sehenswürdigkeiten in der Stadt finden Sie im **Ortsporträt Freising** (S. 188).

Orts-porträt

FREISING

Die Stadt Freising vor den Toren Münchens hatte immer schon eine Sonderstellung. Viele Jahrhunderte war die Stadt getragen von der großen kirchlichen Bedeutung. Heute besitzt sie einen exzellenten Ruf als Wissenschaftszentrum, lebt vom nahen Flughafen und bietet Besuchern viel Historie und großartige historische Bauwerke.

Die Stadt Freising, die gut 30 Kilometer nordöstlich von München liegt, als Vorort der bayerischen Metropole zu bezeichnen, wäre ungerecht. Dazu hat die Stadt mit rund 50.000 Einwohnern zu viel eigenständige Historie. Bedeutend wurde sie früh als Herzog- und später Bischofssitz und Zentrum des Hochstifts Freising. Allerdings verlor Freising nach der Säkularisation viel von ihrer Bedeutung an die Münchner Nachbarn. Von der großen Geschichte zeugen heute noch die sehenswerte Altstadt mit vielen stattlichen Bürgerhäusern und vor allem der Domberg. Dort oben thront der **Mariendom**, der genau genommen Dom St. Maria und St. Korbinian heißt, bis auf das achte Jahrhundert zurück geht und im Lauf der Jahrhunderte mehrfach erneuert und umgestaltet wurde. Der aktuelle Dom wurde Ende des 12. Jahrhunderts erbaut. Die damalige große kirchliche Bedeutung bescherte Freising früher viele Kirchen und Klöster. Aus dieser Zeit stammt das stattliche Diözesanmuseum, eines der bedeutendsten kirchlichen Museen mit rund 20.000 Exponaten. Ein wichtiges Bauwerk ist auch die Stadtpfarrkirche St. Georg in der Altstadt, die im 15. Jahrhundert im spätgotischen Stil erbaut wurde. Die frühe Bedeutung von Freising hat zur Folge, dass es heute in der Stadt über 250 denkmalgeschützte Bauwerke gibt. Ein echtes Freilichtmuseum also.

Heute kennt man Freising auch wegen des nahen **Flughafens**, der in den frühen neunziger Jahren direkt vor den Toren der Stadt im Freisinger Moos gebaut

Die Mariensäule ist ein Freisingen Wahrzeichen

wurde und heute der größte Arbeitgeber im Landkreis Freising ist. Und auch eine touristische Attraktion, denn der Flughafen mit seinen beiden Terminals und vielen Geschäften und Lokalitäten, dazu mit einem umfangreichen Veranstaltungsprogramm, ist ein beliebtes Ausflugsziel. Für Radfahrer ist ein Flughafen vielleicht nicht die erste Wahl als Ausflugsziel. Es lohnt sich eher noch, in Freising selbst Station zu machen und einen Spaziergang durch die schöne **Altstadt** zu unternehmen. Durch die Obere und Untere Hauptstraße flaniert man vorbei an barocken und gotischen Stadthäusern, quert den Marienplatz mit der berühmten Mariensäule aus dem Jahr 1674 und geht weiter Richtung Westen bis nach Weihenstephan.

Der **Weihenstephaner Berg**, der eigentlich ein Hügel ist wie der Domberg, ist eine weitere große Attraktion der Stadt. Bis zum Säkularisationsjahr 1803 gab es hier ein Benediktinerkloster. Hier ist die **Bayerische Staatsbrauerei Weihenstephan** beheimatet, dazu zahlreiche Forschungseinrichtungen wie das Wissenschaftszentrum der Technischen Universität München und die Hochschule Weihenstephan-Triesdorf. Letztere beschäftigt sich vor allem mit Themen aus den Bereichen Natur, Ernährung und Umwelt. Die ehemalige Staatliche Molkerei Weihenstephan gehört seit einigen Jahren zur Großmolkerei Müller, wobei der Name Weihenstephan eine sicherlich positive Werbewirkung hat.

Mit dem Rad leicht erreichbar: der Domberg in Freising

Bekannt ist Freising auch für seine Vielzahl an Gärten und Parks. Das hat auch wieder mit der klerikalen Vorgeschichte und den zahlreichen ehemaligen Klöstern zu tun. Da gibt es zum Beispiel den **Sichtungsgarten Weihenstephan**, den **Hofgarten** beim ehemaligen Kloster Weihenstephan, wo heute die TU München residiert, den **Amtsgerichtsgarten**, den **Parterregarten** und den **Klostergarten Neustift**, wo regelmäßig die Freisinger Gartentage stattfinden.

Eine andere Besonderheit von Freising ist die außergewöhnliche gute Verkehrsanbindung. Nicht nur dass die Stadt direkt an einer Autobahn liegt, eine Station an der Bahnlinie von München nach Plattling an der Donau und mitten in Niederbayern ist. Es gibt ein paar Kilometer entfernt den Flughafen. Und nicht zu vergessen kommt man auf dem Isarradweg auch auf zwei Rädern sehr gut zu der einstigen Bischofsresidenz.

Unterwegs im Dachauer Moos

Tour 24 Länge 21+23 km

AUF DEN SPUREN VON KLÖSTERN, KIRCHEN UND WIRTSHÄUSERN

Eine ebenso geschichtsträchtige wie abwechslungsreiche Runde durch das wenig bekannte und reizvolle Dachauer Land

Diese leicht hügelige Landschaft nördlich von Dachau ist nicht nur ideal für Radtouren, es gibt auch viele Geschichten zu entdecken. Wie auf dieser ungewöhnlichen Radrunde mit zwei Schleifen von Altomünster aus, bei der Kirchen und ehemalige Klöster eine Hauptrolle spielen, aber die klassische bayerische Kulinarik nicht zu kurz kommt.

Was erwartet mich?

21 + 23 km, zwei miteinander kombinierbare Radrunden zum Teil auf asphaltierten und nicht asphaltierten Radwegen, aber auch immer wieder für mehrere Abschnitte auf Straßen. Mit dem E-Bike sind die zahlreichen kurzen Steigungen kein Problem. Bergab sollte man wie grundsätzlich beim E-Bike mit Vorsicht unterwegs sein.

Was muss ich sehen?

1 **Klosterkirche St. Alto und St. Birgitta**, Altomünster

2 **Museum Altomünster**, Altomünster

3 **Filialkirche Mariä Himmelfahrt**, Oberzeitlbach

4 **Marienkapelle**, Oberndorf

5 **Kirche zur schmerzhaften Muttergottes**, Stumpfenbach

6 **Kapelle zum heiligen Kreuz**, Asbach bei Altomünster

Wo tank' ich auf?

Brauereigasthof Maierbräu, Marktplatz 2, Altomünster

Gasthof Kapplerbräu, Nerbstr. 8, Altomünster

Eiscafé Venezia, Marktplatz 8, Altomünster

Wirtshaus am Zeitlbach, Hauptstr. 11, Altomünster

Weilachmühle, Am Mühlberg 5, Altomünster-Thalhausen

Wie komm' ich hin?

ÖPNV:

Mit der S-Bahn Linie S2 von München über Dachau bis Altomünster, der Bahnhof ist barrierefrei.

Mit dem Auto:

Auf der Autobahn A8 von München Richtung Augsburg bis zur Ausfahrt Odelzhausen und dann über Hohenzell und Oberzeitlbach nach Altomünster. Parkmöglichkeiten gibt es beim Bahnhof.

TOURSTART

Unsere Tour startet am Bahnhof in Altomünster, den wir nach links auf der Bahnhofstraße verlassen. Rechts treffen wir auf den Marktplatz – wir fahren aber für unsere erste Schleife nach Süden zwei Mal links in die Stumpfenbacher Straße.

Vom Bahnhof aus sind es nur wenige Meter zum Marktplatz in Altomünster. Altomünster ist ein Ort mit einer besonderen Geschichte. Das deutet auch schon der Name an, eine Zusammensetzung aus dem Wort Alto, das früher so viel wie Abt bedeutete, und Münster, die historische Bezeichnung für ein Kloster. Begonnen hat die Geschichte mit einem irischen Wandermönch, der sich hier im achten Jahrhundert niedergelassen hatte und ein kleines Kloster gründete, aus dem über 200 Jahre später ein Benediktinerkloster geworden ist, das über die Jahrhunderte an Größe und Bedeutung zugenommen hatte. Wie viele andere Klöster wurde es 1803 aufgelöst, 1841 aber durch König Ludwig I wieder eröffnet. Bis zur Auflösung im Jahr 2017 befand sich hier ein Birgitinnenkloster. Entsprechend dieser Historie bietet Altomünster vor allem klerikale Sehenswürdigkeiten. Das ist insbesondere die zentrale ehemalige Klosterkirche, die **1 Kirche St. Alto und St. Birgitta**, die Mitte des 18. Jahrhunderts erbaut wurde. Zum Komplex gehören auch mehrere Kapellen und ein **2 Museum** hinter der Kirche, die man über einen kurzen und steilen Aufgang erreicht.

Die stattliche Kirche in Altomünster

*Auf der Stumpfenbacher Straße fahren wir entlang der S-Bahn Richtung Südosten, biegen aber bald rechts ab und radeln zuerst vorbei an einem kleinen Gewerbegebiet und dann über die Wiesen und durch den Wald auf der Ruppertskirchner Straße nach Süden. Bei der Staatsstraße 2047 biegen wir rechts ab (**Wegepunkt 1**) und folgen dem Radweg parallel zur Straße Richtung Westen bis Oberzeitlbach.*

Dort ist etwas links abseits eine erste Station unserer Tour. Es ist die **3 Filialkirche Mariä Himmelfahrt**, die aus dem 16. Jahrhundert stammt. Noch sehr viel älter ist der Ort Zeitlbach, dessen Name einen interessanten Ursprung hat. Im achten Jahrhundert wurde es als Zidalpah, als „Bach als Tränke wilder Waldbienen" erwähnt.

Danach lassen wir den Zeitlbach und die Staatsstraße rechts liegen und fahren auf der Oberndorfer Straße weiter auf dem Radweg bis Oberndorf.

Der Ort hat eine fast 800 Jahre währende Geschichte und gehörte früher zum Kloster Altomünster, ebenso wie die kleine, gelb angestrichene 4 **Marienkapelle**, die im frühen 18. Jahrhundert erbaut wurde.

Direkt am Radweg:
die Kapelle Oberzeitlbach

*Weiter geht es bis Kiemertshofen, wofür man geradeaus fährt und eine ruhige Nebenstraße wählt, die mit einem sanften Bogen zur nächsten Ortschaft führt. Dort radeln wir vorbei an der Kirche St. Nikolaus, am Kreisel links, die nächste rechts (**Wegepunkt ❷**) bis zum Steinfurter Bach und dort links (**Wegepunkt ❸**) bis Irchenbrunn. Über Langengern kommen wir schließlich links nach Plixenried. Danach führt der Weg ostwärts bis Unterzeitlbach, wo an der Straße die schlichte Filialkirche St. Sebastian steht.*

Noch ein Gotteshaus: Filialkirche Mariä Himmelfahrt

Tipp: Ein paar Meter entfernt, nahe an der Hauptstraße, bietet sich das Wirtshaus am Zeitlbach für eine Einkehrpause an.

*An der Kirche rechts, geradeaus wieder zur S-Bahn Linie (**Wegepunkt** ❹) und links nach Stumpfenbach.*

Dort hat man nicht nur einen schönen Ausblick auf die Umgebung. Die 5 **Kirche zur schmerzhaften Muttergottes**, ein Bau im neugotischen Stil aus dem späten 19. Jahrhundert, ist eine weitere Station der Tour.

Zurück auf dem Radweg nach Altomünster sind es nur wenige Minuten parallel zur S-Bahn und zur Stumpfenbacher Straße.

Bevor man die Nordschleife in Angriff nimmt, könnte man hier eine Pause einlegen, und da gibt es kaum einen besseren Ort als Altomünster. Denn der kleine Ort hat gleich zwei traditionsreiche und beliebte Brauereigasthöfe. Das ist einmal der **Maierbräu** am Marktplatz und dann nur wenige Meter entfernt auf der anderen Seite des Platzes in der Nerbstraße der **Kapplerbräu**.

*Gut gestärkt kann man so die 23 Kilometer lange Nordschleife in Angriff nehmen. Vom Bahnhof kommend fährt man vom Bahnhof schräg links in die Halmsrieder Straße. Aus der Innenstadt kommend fährt man von der Dr.-Lang-Straße rechts ab auf die Halmsrieder Straße (**Wegepunkt** ❺). Diese führt uns nach Halmsried. Dort biegt man links ab und fährt über die Wiesen etwa zwei Kilometer bis nach Pfaffenhofen. Erst parallel zur Staatsstraße 2047, dann etwas abseits erreichen wir den Nachbarort Wollomoos mit der St. Bartholomäuskirche.*

*Von Wollomoos fahren wir ostwärts auf der Raiffeisenstraße bis nach Rudersberg, dort vorbei an der Kapelle Sankt Maria und biegen dann links ab. Nun geht es nordwärts über den Altograben, dann rechts (**Wegepunkt** ❻) und links bis Arnberg und weiter nach Norden bis zu dem kleinen Dorf Haag.*

Tipp: Am **Wegepunkt** ❻ erreichen wir links Thalhausen. Dort gibt es mit der Weilachmühle ein sehr schönes Ausflugslokal mit Biergarten und Alpakazucht.

Die **Pfarrkirche St. Margareta** in Haag ist für ein so kleines Dorf ein außergewöhnlich stattlicher Kirchenbau. Aber wir sind ja in einer sehr religiös geprägten Gegend unterwegs.

Von Haag führt unsere Route über Asbach und Reichertshausen weiter nach Pippinsried.

Ein Höhepunkt dieser Runde ist die **6 Kapelle zum Heiligen Kreuz** in Asbach. Die schlichte Kapelle, die Mitte des 17. Jahrhunderts anstelle einer kleineren Kapelle erbaut wurde, zählt zu den ältesten Bauwerken dieser Art in der Region. Sie war und ist auch Ziel von vielen Wallfahrern.

In Reichertshausen haben wir noch eine interessante Station mit der **Lourdeskapelle**. Die Hofkapelle beim Bräu heißt so, weil sie im Inneren eine Lourdesgrotte am Altar hat, die auf Marienerscheinungen in Frankreich hinweist. Letzte Station ist dann Pipinsried, wo es etwas außerhalb auf der Ostseite die **Wallfahrtskirche St. Wolfgang** mit einer sehr prachtvollen Innenausstattung gibt.

Von dort sind es dann noch rund vier Kilometer über die etwas hügeligen Wiesen, dann entlang der Straße bis Altomünster und zurück zum Bahnhof.

Reisemobilstellplätze an oder nahe der Route

Wohnmobilstellplatz Freizeit AG, Lorenz-Braren-Str.12, Markt Indersdorf (außerhalb des Kartenausschnittes)

Wohnmobilstellplatz Golfclub München-West, Todtenried 3, Oldelzhausen (außerhalb des Kartenausschnittes)

E-Bike Ladestationen an oder nahe der Route

Rathaus Altomünster, St. Altohof 1, Altomünster

Wirtshaus am Erdweg, Hauptstr.14, Erdweg

Standesgemäßes Ziel: Biergarten in Weihenstephan

Tour 25 Länge 82 km

ZUM URSPRUNG DES BAYERISCHEN BIERES

Eine Genusstour von der Donau durch die Hallertau an die Isar, bei der es viel um bayerische Nationalheiligtümer geht

Die Tour von der Donau, von Ingolstadt bis nach Freising, hat viel mit Bier zu tun. Es geht um Biergeschichte und Bierkultur. Wir starten in Ingolstadt, wo das Reinheitsgebot 1516 von bayerischen Herzögen erlassen wurde, und durchqueren die Hallertau, das größte Hopfenanbaugebiet der Welt. Pausen sind empfehlenswert, denn die Hallertau ist sehr hügelig. Mit 84 Kilometern ist diese Tour für einen Tag sehr respektabel, auf zwei Tage verteilt wird sie zur Genusstour.

Was erwartet mich?

82 km, eine Streckentour teils auf dem Donauradweg, überwiegend auf Radwegen, auch mal auf Nebenstraßen. Vor allem im Herzen der Hallertau wird es hügelig, wechseln sich Bergaufstücke mit kurzen Abfahrten ab. Man fährt viel auf unasphaltierten Radwegen, die aber keine großen Ansprüche stellen. Griffiges Reifenprofil ist jedenfalls empfehlenswert.

Wie komm' ich hin?

ÖPNV:
Mit der Bahn bis zum Ingolstädter Hauptbahnhof
Mit dem Auto:
Autobahn A9 bis Ausfahrt Ingolstadt-Süd, Wegweiser zum Hauptbahnhof folgen, Parkmöglichkeiten gibt es rund um den Hauptbahnhof.

Was muss ich sehen?

1 **Bayerisches Armeemuseum**, Ingolstadt
2 **Asamkirche**, Ingolstadt
3 **Audi Museum mobile**, Ingolstadt
4 **Hopfenmuseum**, Wolnzach
5 **Weihenstephaner Berg** mit Staatsbrauerei Weihenstephan und Bräustüberl Weihenstephan, Freising

Wo tank' ich auf?

Gasthaus Daniel, Roseneckstr. 1, Ingolstadt
Dolce Vita Eisdiele, Donaustr. 13, Vohburg
Schlossbräukeller, Schlossbräugasse 2, Au in der Hallertau
Bräustüberl Weihenstephan, Weihenstephaner Berg 10, Freising

Kartentipp: **ADFC Regionalkarten München u. Umgebung + Altmühltal/Ingolstadt**

Tour
25

TOURSTART

Wir starten vom Hauptbahnhof geradeaus bis zur Münchener Straße, dort rechts weiter auf dem Radweg und geradeaus bis zur Konrad Adenauer Brücke.

Direkt gegenüber auf der anderen Donauseite steht das 1 **Bayerische Armeemuseum** im neuen Schloss. Und wenn man sich die kulturellen Sehenswürdigkeiten von Ingolstadt gönnt, wäre die berühmte barocke 2 **Asamkirche** direkt im Zentrum und das 3 **Audi Museum mobile** interessant. Letzteres liegt etwas weiter im Norden direkt bei der Unternehmenszentrale, die man über die Ettinger Straße erreicht.

Das Bayerische Armeemuseum in Ingolstadt

*Doch nun zurück zur Tour. Hinter der Brücke fahren wir in einem Rechtsbogen wieder zum Ufer, dort links und sind nun auf dem ausgeschilderten Donauradweg. Der nicht asphaltierte Radweg ist aber leicht zu fahren, dank seines festen Untergrundes. Nun geht es Richtung Osten vorbei an mehreren Kraftwerken und mit einem Uferwechsel (**Wegepunkt ❶**) bis nach Vohburg, die erste Zwischenstation nach rund 16 Kilometern.*

Vohburg liegt direkt am Südufer der Donau und hat ein sehenswertes historisches Zentrum mit schönen, leicht verwinkelten Gassen. Dort könnte man eine erste Pause machen.

*In Vohburg verlassen wir den Donauradweg an der Brücke nach rechts und folgen den Schildern der Ilmtaltour nach links auf der Hartackerstraße (**Wegepunkt ❷**) aus dem Ort raus. Später fahren wir an mehreren Teichen rechts (**Wegepunkt ❸**), über die Bahnschienen und der B16 hinweg, durch Ilmendorf und über die Ilm bis nach Geisenfeld.*

Im Zentrum von Geisenfeld

Noch vor Geisenfeld begegnet man den ersten Hopfenanbauflächen, wo die dicht gesetzten langen, mit Hopfen bewachsenen Stangen bis zu sieben Meter

Modern mit Tradition: das Hopfenmuseum in Wolnzach

in die Höhe ragen. Es ist interessant zu sehen, wie sehr der Hopfen diese Landschaft dominiert und wieviel Fläche dafür in Anspruch genommen wird.

*Von Geisenfeld geht es nun weiter auf der Ilmtaltour über die Felder vorbei am Hopfen bis nach Königsfeld, dort nach links (**Wegepunkt ❹**) durch das Zentrum und Richtung Südosten weiter. Wir treffen auf die St2049 (**Wegepunkt ❺**), biegen links ab und halten uns am Kreisel rechts. Ab Königsfeld geht es kontinuierlich leicht bergauf bis Wolnzach.*

Wolnzach ist eine der Hopfenhauptstädte, denn hier gibt es nicht nur das moderne **4 Hopfenmuseum** mitten im Ort, sondern auch ein **Hopfenforschungszentrum** und eine **Hopfenverwertungsgesellschaft**.

Hinter der Autobahn biegen wir vor den Schienen links ab und folgen den Schildern des Bockerl-Radwegs über Hüll und Enzelhausen nach Au in der Hallertau. Unterwegs hat man zwischen Berg bis Enzelhausen eine besonders angenehme Etappe, denn der Weg verläuft auf einer ehemaligen Bahntrasse mit einigen schattigen Waldpassagen, was gerade im Sommer sehr angenehm ist.

Reisemobilstellplätze an oder nahe der Route

Wohnmobilstellplatz am Braunweiher, Manching
Wohnmobilstellplatz, Jahnstraße, Geisenfeld
Wohnmobilstellplatz an der Korbiniansbrücke, Freising

E-Bike Ladestationen an oder nahe der Route

Tourist Information, Moritzstr. 19, Ingolstadt
Bäckerei Pöppel, Hohenstaufenstr. 2, Vohburg
Hopfenmuseum, Elsenheimer Str. 2, Wolnzach
Autohaus Straub, Hochstatt 1, Wolnzach
Tourist Ínfo, Rindermarkt 20, Freising

Von Wolnzach bis Au sind es rund 15 Kilometer. Au ist vor allem bekannt für die **Schlossbrauerei** und den **Schlossbräukeller**, einen klassischen Brauereigasthof mit Biergarten. Nur wenige Meter entfernt befinden sich die Brauerei und das **Schloss**. Letzteres stammt aus dem 16. Jahrhundert, wurde damals nach einem Brand wieder aufgebaut und später im Neurenaissancestil umgestaltet. Es ist im Besitz der Freiherren Beck von Pezzow und hat einen Jagdsaal mit der größten Trophäensammlung Deutschlands. Den Saal kann man für Feiern oder Firmenevents auch mieten, und in der Brauerei werden Führungen angeboten.

*Danach führt der Weg weiter nach Süden und raus aus dem Ort. Dazu fahren wir vom Schlossbräukeller raus und rechts auf die Untere Hauptstraße vor bis zur Kreuzung bei der Raiffeisenbank, dort links in die Pfaffenhofenerstraße und weiter aus Au heraus, wechseln dann auf einen Radweg, kreuzen die Bundesstraße 301 und biegen links ab (**Wegepunkt ❻**). Über Mösbuch und links Brandloh begegnen wir wieder der Bundesstraße (**Wegepunkt ❼**), der wir nach rechts bis Attenkirchen folgen. Nach einigen Anstiegen kommt nun ein längeres Bergabstück bis Zolling zur Erholung.*

In Zolling gibt es die sehr stattliche **Pfarrkirche St. Johannes der Täufer**, die im 15. Jahrhundert im gotischen Stil erbaut wurde.

*Danach sind es nur noch acht Kilometer bis Freising, das wir über Tüntenhausen erreichen. Vor Freising biegen wir an einer Kirche links ab (**Wegepunkt ❽**), fahren über die Moosach und den Bahnschienen hinweg bis zum Ufer der Schleifermoosach, halten uns dort rechts und radeln am Sportpark vorbei und einmal um den Domberg herum bis rechts zum zentralen Marienplatz bzw. links zum Bahnhof.*

Das ist ein guter Ausgangspunkt für Sightseeing, denn hier stehen das Rathaus, die Stadtpfarrkirche und das Stadtmuseum. Außerdem ist es nicht weit hinauf zum Domberg und zum Dom St. Maria und St. Korbinian, dessen Geschichte bis auf das frühe achte Jahrhundert zurück geht. Oben hat man auch einen herrlichen Blick nach Süden und an klaren Tagen bis zu den Alpen.

Wenn es um Bier geht, darf ein abschließender Besuch auf dem 5 **Weihenstephaner Berg** mit der

Kleine Pause bei der Mariensäule in Freising

Bayerischen **Staatsbrauerei Weihenstephan**, die im Jahr 1040 gegründet wurde, nicht fehlen. Rund um die Brauerei befinden sich Gelände des Lehr- und Forschungszentrums Weihenstephan und die prachtvollen Gärten der Hochschule Weihenstephan-Triesdorf. Und ganz zum Schluss bietet sich noch die Einkehr im Biergarten des **Weihenstephaner Bräustüberls** an.

Weitere Informationen zu den Sehenswürdigkeiten in der Stadt finden Sie im **Ortsporträt Freising** (S. 188).

Immer dabei: der Hopfen in der Hallertau

Tour 26

Länge 47 km

EINE RUNDE DURCH DAS HOPFENPARADIES

Im Herzen der Hallertau zeigt sich das bayerische Landleben von einer besonders traditionsbewussten Seite.

Eine gute Gegend für E-Bike Touren. Diese 47 Kilometer lange Runde durch das Zentrum der Hallertau bietet wirklich viel Abwechslung. Nicht nur, weil man hier ständig bergauf und bergab radelt – allerdings mit geringen Höhenunterschieden – sondern weil hier in fast jedem Dorf interessante Eindrücke und Entdeckungen warten. Und logischerweise hat das hier viel mit Hopfen und Bier zu tun.

Was muss ich sehen?

1. **Alte Eisenbahnfahrzeuge**, Enzelhausen
2. **Schloss mit Schlossbräukeller**, Au in der Hallertau
3. **Hopfenerlebnishof**, Nandlstadt
4. **Naturgarten Schönegge**, Nandlstadt

Was erwartet mich?

47 km, eine Radrunde auf Radwegen, ruhigen Nebenstraßen und nur gelegentlichen Abstechern auf belebten Passagen. Der überwiegende Teil der Strecke ist asphaltiert. Dank E-Bike machen die insgesamt 500 Höhenmeter keine besonderen Probleme.

Wie komm' ich hin?

ÖPNV:
Mit der Bahn von München bis Freising. Dort gibt es Busverbindungen bis Nandlstadt.

Mit dem Auto:
Von München auf der A9 und A 92 bis Freising, weiter Richtung Au i.d. Hallertau. Von Norden auf der Autobahn A9 und A93 bis Wolnzach und weiter über Au i.d. Hallertau nach Nandlstadt.

Wo tank' ich auf?

Wirtshaus Oberbräu, Freisinger Str. 1, Nandlstadt

Schlossbräukeller, Schlossbräugasse 2, Au in der Hallertau

Zum tapferen Schneiderlein, Grubangerstr.13, Au in der Hallertau

Kartentipp: **ADFC Regionalkarten München u. Umgebung**

Tour 26

TOURSTART

Wir starten im Zentrum von Nandlstadt vor dem Rathaus, wo wir dann gleich in die Hausmehringer Straße Richtung Norden einbiegen. Es geht anfangs gleich ein wenig bergauf. Aber kein Problem für E-Bikes.

Nandlstadt ist ein beschaulicher Ort mitten in der Hallertau. Die Umgebung ist so, wie man sich die Hallertau vorstellt. Sanft hügelige Wiesen, Wälder und vor allem die weiten Felder mit den Hohen Hopfenstangen, an denen die begehrten Früchte reifen.

*Vor Hausmehring rollen wir dann entspannt bergab durch den kleinen Ort hindurch und weiter Richtung Tegernbach. Links sieht man am Waldrand die Wallfahrtskapelle Mariä Geburt. Im Ort radelt man rechts (**Wegepunkt ❶**) und nimmt am Ortsende den neuen Radweg Richtung Rudelzhausen. Die Fahrt führt vorbei an einem Reiterhof, dann an einer Schreinerei, bis man in Unterau rechts abbiegt.*

Kostbare Gewächse neben dem Radweg

In dem kleinen Weiler namens Furth steht an der Straße der Biohof Neumeier, der auf Haselnüsse spezialisiert ist.

*Bald darauf landen wir an der Bundesstraße 301 (**Wegepunkt ❷**) und fahren links weiter auf einem Radweg neben der Bundesstraße nach Rudelzhausen, wo wir die Bundesstraße unterqueren und in die Lindenstraße hinein fahren. In der Rechtskurve nehmen wir die zweite Straße links (Schulstraße), queren schließlich mit dem Kirchplatz und der Friedhofstraße den Ort, kommen ins kleine Iglsdorf und nach wenigen hundert Metern nach Enzelhausen.*

Dort bietet sich rechts ein kleiner Abstecher in die Bahnhofstraße an. Den Bahnhof bzw. eine Bahn gibt es nicht mehr. Dafür aber eine interessante Ausstellung mit 1 **historischen Eisenbahnfahrzeugen**, denn hier verkehrte früher das Holledauer Bockerl, mit dem bis vor 50 Jahren die Arbeiter zur Hopfenernte gebracht wurden. An das Bockerl erinnern noch Reste des Bahn-

Reisemobilstellplätze an oder nahe der Route

Wohnmobilstellplatz am Bauernhof, Zieglerstr. 98, Mainburg
Wohnmobilstellplatz am Viehmarkt, Viehmarktplatz 23, Moosburg

E-Bike Ladestationen an oder nahe der Route

Gartenbau Simon Senger, Kreuth 1, Rudelzhausen
Vito Café, Untere Hauptstr. 1, Au in der Hallertau
Gasthaus Ostermaier, Dorfstr. 8, Attenkirchen

damms und die private Sammlung von Adolf Hagl im Bereich des alten Bahnhofs.

Der alte Bahndamm (links, ***Wegepunkt*** *❸) beschert uns danach einen angenehmen, weil asphaltierten Radweg Richtung Au in der Hallertau. Bald stoßen wir wieder auf die Bundesstraße B301, die wir überqueren.*

Links steht die **Schimmelkapelle**, die ihren Namen daher hat, dass einmal zwei Einheimische einen Schimmel geklaut und das Tier in der Kapelle deponiert hatten. Selbiger ist ihnen aber bald verhungert.

Weiter geht es auf dem Radweg mit Abstand zur Bundesstraße nach Süden, teils durch den Wald, bis dann Au in der Hallertau erreicht ist. Nachdem wir die ersten Häuser passiert haben, verlassen wir den Bahndamm nach rechts in die Maria-Eich-Straße und fahren am Ende rechts.

Au ist einer der bedeutendsten Orte im Hopfengebiet. Hier ist der Hopfen auch die Haupteinnahmequelle. Übrigens gehört der Ort erst seit der Gebietsreform 1972 zu Oberbayern und war vorher niederbayerisch. Au hat nicht nur eine Hopfenaufbereitungsanlage, sondern auch ein 2 **Schloss** und eine Brauerei, die **Schlossbrauerei Au-Hallertau**. Das Schloss steht mitten im Ort und ist wie die Brauerei im Besitz der Freiherrn Beck von Peccoz. Dort ist auch der **Schlossbräukeller**, ein klassischer Braugasthof mit einem wirklich schönen Biergarten samt altem Kastanienbestand.

*Vorbei am Schloss geht es von der Unteren Hauptstraße links kurz auf die belebte Pfaffenhofener Straße, bis man rechts abbiegt in den Osseltshausener Graben (****Wegepunkt*** *❹). Nun fährt man für 4 Kilometer mit sanften Steigungen Richtung Osseltshausen, zuerst vorbei bei den Hopfenland Cowboys, die Ausritte veranstalten, dann je nach Jahreszeit entlang mächtiger Hopfengärten, die wie hohe Mauern wirken können. In Osseltshausen biegt unsere Route gleich links ab, verlässt den Ort, quert weite Wiesen und Hopfenfelder bis nach Hirnkirchen, wohin man das Rad entspannt bergab rollen lassen kann.*

Das „Tapfere Schneiderlein" ist ein bodenständiges Gasthaus mit guter Küche und ordentlichen Portionen.

Außerdem gibt es einen kleinen Biergarten.

*Weiter geht die Reise nun etwa 100 Meter rechts versetzt, bis man den Weiler Piedendorf erreicht, wo es einen guten Dorfmetzger gibt. Von Piedendorf nach Oberhaindlfing geht es mal wieder spürbar bergauf. In Oberhaindlfing biegt man links ab auf die Hauptstraße und nach gut 600 Metern wieder rechts über Ruhpalzing und Billingsdorf nach Wolfersdorf. Dort folgt unsere Route der Berghaselbacher Straße nach links, bergab bis zur Kreisstraße FS27 (**Wegepunkt** ❺), dann geradeaus weiter und mal wieder bergauf auf der Haidhofstraße nach Thonhausen. Danach rollt der Weg hinunter zur B301, die man überquert und auf der anderen Seite links auf dem Bockerlbahn Radweg nach Attenkirchen fährt. Am Ende von Attenkirchen führt der Weg rechts ein Stück Richtung Weihersdorf auf der Nandlstädter Straße, biegt vorher links ab und nimmt Kurs nach Norden über Brudersdorf und Meilendorf zurück nach Nandlstadt.*

Einkehr in der Schlossbrauerei in Au

Etwas außerhalb von Attenkirchen gibt es einen 3 **Hopfenerlebnishof**, wo man bei Führungen mit einer zertifizierten Hopfenbotschafterin viel über den Holledauer Hopfen erfahren kann. Und in Meilendorf kann man sich im 4 **Naturgarten Schönegge** über die Produkte der Region informieren. Das wäre dann auch ein stilgerechter Abschluss der Runde, bevor man wieder in Nandlstadt ankommt.

Hier starten und landen die Schiffe beim Kloster Weltenburg

SANFTE UND WILDE DONAU

Eine sehr bayerische Flussradtour von Ingolstadt zum Kloster Weltenburg und Kelheim

Flussradtouren sind in der Regel nicht sehr übersichtlich und pflegeleicht. Das ist auch bei dieser Fahrt von Ingolstadt an der Donau bis Weltenburg und Kelheim nicht anders. Viel erleben kann man auf diesem Abschnitt dennoch. Von der historischen Altstadt in Ingolstadt über die idyllischen Dörfer am Südufer der Donau bis zum berühmten Benediktinerkloster am Donaudurchbruch in Weltenburg mit der Fahrt mit dem Schiff nach Kelheim als krönenden Abschluss.

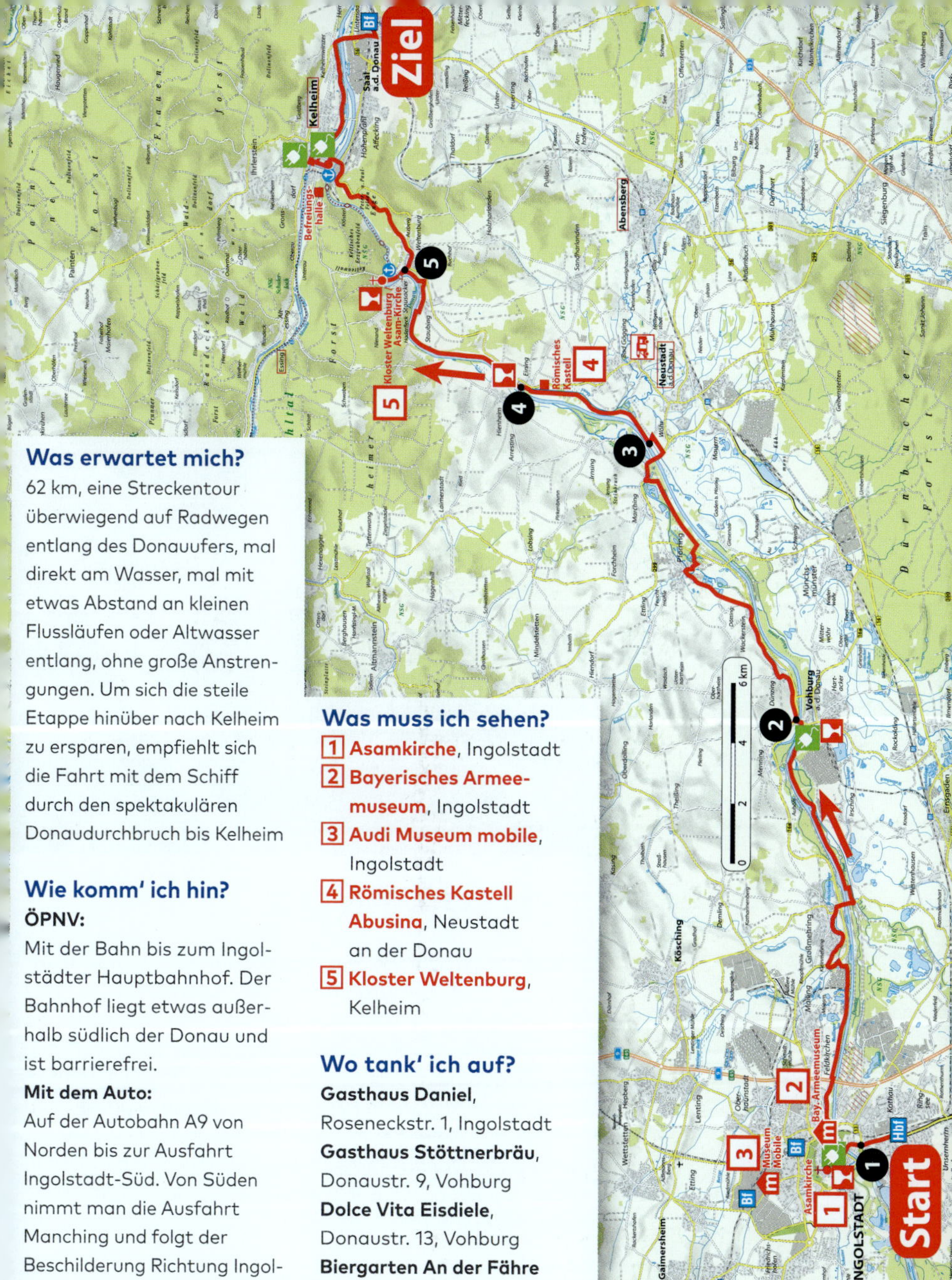

Was erwartet mich?

62 km, eine Streckentour überwiegend auf Radwegen entlang des Donauufers, mal direkt am Wasser, mal mit etwas Abstand an kleinen Flussläufen oder Altwasser entlang, ohne große Anstrengungen. Um sich die steile Etappe hinüber nach Kelheim zu ersparen, empfiehlt sich die Fahrt mit dem Schiff durch den spektakulären Donaudurchbruch bis Kelheim

Wie komm' ich hin?

ÖPNV:
Mit der Bahn bis zum Ingolstädter Hauptbahnhof. Der Bahnhof liegt etwas außerhalb südlich der Donau und ist barrierefrei.

Mit dem Auto:
Auf der Autobahn A9 von Norden bis zur Ausfahrt Ingolstadt-Süd. Von Süden nimmt man die Ausfahrt Manching und folgt der Beschilderung Richtung Ingolstadt bis zum Wegweiser rechts zum Hauptbahnhof. Parkmöglichkeiten gibt es rund um den Hauptbahnhof.

Was muss ich sehen?

1. **Asamkirche**, Ingolstadt
2. **Bayerisches Armeemuseum**, Ingolstadt
3. **Audi Museum mobile**, Ingolstadt
4. **Römisches Kastell Abusina**, Neustadt an der Donau
5. **Kloster Weltenburg**, Kelheim

Wo tank' ich auf?

Gasthaus Daniel,
Roseneckstr. 1, Ingolstadt
Gasthaus Stöttnerbräu,
Donaustr. 9, Vohburg
Dolce Vita Eisdiele,
Donaustr. 13, Vohburg
Biergarten An der Fähre Eining, Zur Überfuhr 15, Neustadt an der Donau
Klosterschenke Weltenburg,
Asamstr. 32, Kelheim

Kartentipp: **ADFC Regionalkarte Altmühltal/Ingolstadt**

Blick auf die Donau bei Ingolstadt

TOURSTART

*Unser Startplatz ist der Hauptbahnhof in Ingolstadt, den wir auf der Bahnhofstraße geradeaus bis zur Münchner Straße verlassen. Dort biegen wir rechts ab und nehmen den Radweg entlang dieser stark befahrenen Straße nach Norden, fahren dann in die Verlängerung mit dem Namen Brückenkopf (**Wegepunkt ❶**) und landen direkt bei der Konrad-Adenauer-Brücke. Hier folgen wir der Donau-Radweg-Beschilderung und fahren in einem Bogen durch die Innenstadt auf den Radweg entlang des Flussufers.*

In der Altstadt von Ingolstadt können wir uns die berühmte barocke 1 **Asamkirche** sowie das 2 **Bayerische Armeemuseum** im neuen Schloss anschauen. Und, wenn man noch Zeit hat, wäre das 3 **Audi Museum mobile** interessant. Letzteres liegt etwas weiter im Norden direkt bei der Unternehmenszentrale, die man über die Ettinger Straße erreicht.

Die nächsten 16 Kilometer sind relativ einfach. Es geht auf dem ausgeschilderten Donau-Radweg entlang der Donau vorbei an Kraftwerken und Mineralraffinerien, wir kommen an den Donauauen an der Kälberschütt vorbei und erreichen schließlich die Stadt Vohburg.

Das Zentrum grenzt direkt an das Donauufer an. Es bietet sich also eine kleine Pause an, indem wir die etwas kurvigen verwinkelten Gassen durch die Altstadt bis zum Marktplatz fahren. Dort gibt es einige Gelegenheiten, um einzukehren und sich für die weitere Fahrt zu stärken, denn danach gibt es relativ wenige Einkehrmöglichkeiten bis kurz vor Weltenburg.

*In Vohburg führt der Donau-Radweg zur Donaubrücke, überquert den Fluss und verläuft nach rechts (**Wegepunkt ❷**) parallel zur Bundesstraße über Dünzing, Wackerstein und Pförring.*

Etwa 11 km nach Vohburg sind wir wieder an der Donau unterwegs, genießen den Blick auf den Fluss

Bild rechts:
Kloster Weltenburg aus der Vogelperspektive

*und erreichen die Brücke der Bundesstraße 299 über die Donau. Hinter der Brücke fahren wir in einem Linksbogen zurück zum Flussufer und dort rechts (**Wegepunkt ❸**). Hier befindet sich eine recht große Station der DLRG. Die nächsten fünf Kilometer führt der Weg weiter entlang der Donau und erreicht bald die Fährstation (**Wegepunkt ❹**) in Eining.*

Das römische Kastell Abusina bei Eining

Dort gibt es auch ein kleines Lokal mit einem Gastgarten direkt am Wasser. In Eining könnte man noch einen kleinen Abstecher machen und die Überreste des **4 römischen Kastells Abusina** besichtigen. Das Castel war ab dem ersten Jahrhundert Teil der Grenzanlagen, die zum Limes gehörten. Heute ist es Bestandteil des UNESCO Weltkulturerbes Limes und Schauplatz regelmäßiger Römerfeste.

Bei der Fährstation weisen mehrere Schilder darauf hin, dass der Donauradweg nicht mehr direkt an der Donau weiterführt. Stattdessen leiten uns die spärlichen Hinweisschilder rechts in den Ort hinein und mit einem Bogen bis nach Staubing.

In der Klosterkirche Weltenburg

Das ist der offizielle Weg. Von Einheimischen erfährt man, dass es auch einen Weg direkt an der Donau gibt. Aber es ist eben nicht der offizielle Weg nach Staubing, dem idyllischen kleinen Dorf am Donauufer.

In Staubing fahren wir an der Kirche St. Stephan vorbei und folgen der Straße „Am Krautgarten" Richtung Osten. Diese mündet nach links in einen schmalen asphaltierten Weg, der nach rund 1,5 Kilometern am Parkplatz in Weltenburg endet.

*Auf der linken Seite lässt sich schon etwas vom Charakter des Donaudurchbruchs erahnen mit steilen Uferpartien und weiten Kiesstränden. Über den Parkplatz fahren wir links auf die Asamstraße (**Wegepunkt ❺**), die die Zufahrtsstraße zum Kloster ist.*

Langsam wird es recht lebhaft, denn **5 Kloster Weltenburg** gehört zu den ganz großen touristischen Attraktionen in Bayern. Es empfiehlt sich, mit Vorsicht an den vielen Fußgängern und vereinzelten Autos und Motorrädern vorbei zu fahren. Schließlich landet man direkt vor dem großen Klostergebäude. Um die Klos terkirche zu besichtigen und in der Klosterschenke

Reisemobilstellplätze an oder nahe der Route

Wohnmobilstellplatz am Braunweiher, Manching
Wohnmobilstellplatz an der Limes Therme, Am Brunnenforum 1, Bad Gögging

E-Bike Ladestationen an oder nahe der Route

Tourist Information, Moritzstr. 19, Ingolstadt
Bäckerei Pöppel, Hohenstaufenstr. 2, Vohburg
Gasthof Stockhammer, Am Oberen Zweck 2, Kelheim
Café am Donautor, Donaustr. 19, Kelheim

einzukehren, geht man rechts in den Innenhof der Anlage. Das Kloster Weltenburg, das im frühen siebten Jahrhundert gegründet wurde, ist eine bayerische Institution. Bekannt ist das Benediktinerkloster nicht nur für seine Rokokobauten sondern vor allem auch für die 1050 gegründete Klosterbrauerei, die die weltweit älteste Klosterbrauerei ist und von deren Erzeugnissen man sich im Biergarten der Klosterschenke überzeugen kann. Es gibt gegenüber auch einen Klostershop.

Der Biergarten beim Schneider in Kehlheim ist eine Kultstätte

Tipp: Wer sich die mühsame Fahrt auf der Staatsstraße hinüber nach Kelheim ersparen will, für den ist die Fahrt mit dem Schiff durch den Donaudurchbruch nach Kelheim eine ebenso reizvolle wie romantische Alternative. Die Schiffsanlegestelle befindet sich etwa 400 Meter hinter dem Klostergebäude.

*Vom Parkplatz an der Asamstraße (**Wegepunkt 5**) fahren wir nun weiter nach rechts, um dem Donau-Radweg durch Weltenburg nach links zu folgen. Nach einigen Anstrengungen erreichen wir das Flussufer, überqueren die Brücke und folgen den Schildern durch Kelheim bis*

Die Befreiungshalle ist das Wahrzeichen von Kelheim

wir am Ortsende erneut die Uferseite der Donau wechseln und in Saal a.d. Donau angekommen sind. Geradeaus über die Donaustraße und am Kreisel links erreichen wir den Bahnhof von Saal.

Das Wahrzeichen von Kelheim, die Befreiungshalle des Baumeisters Leo von Klenze, thront unübersehbar auf dem Michelsberg. Dass Kelheim eine geschichtsträchtige Stadt ist, erkennt man gleich auf dem Weg durch das Donautor ins Zentrum. Das Alte Rathaus aus dem späten 17. Jahrhundert, das Wittelsbacher Amtsschloss und die Stadtapotheke sind nur einige der vielen historischen Bauten. Zu denen gehört auch das Weisse Brauhaus der Weissbierbrauerei Schneider inklusive stilgerechtem Biergarten. Der ist für die Radlerpause fast ein Muss.

Unterwegs auf dem Altmühlradweg

Tour 28 Länge 39 km

PURE ROMANTIK IM HOHEN NORDEN

Eine erstaunliche Entdeckungsreise entlang der Altmühl von Eichstätt bis Kinding

Der Altmühlradweg zieht weite Kurven zwischen Rothenburg ob der Tauber und der Mündung der Altmühl in die Donau bei Kelheim. Die 250 Kilometer lange Strecke gehört zu den beliebtesten Radfernwegen in Deutschland. Aus gutem Grund, denn dieser Radweg ist vor allem in dem ausgesuchten Abschnitt zwischen Eichstätt und Kinding sehr entspannt zu fahren und bietet neben der barocken Pracht in Eichstätt viele andere kulturelle und landschaftliche Attraktionen.

Was muss ich sehen?

1. **Dom Mariä Himmelfahrt** und **Fürstbischöfliche Residenz**, Eichstätt
2. **Figurenfeld im Hessentag**, Eichstätt
3. **Römisches Kastell Vetoniana**, Pfünz
4. **St. Andreas Kirche**, Pfalzpaint
5. **Schloss Arnsberg**, Kipfenberg
6. **Geographischer Mittelpunkt Bayerns**, Kipfenberg
7. **Festungskirche**, Kinding

Was erwartet mich?

39 km, eine Streckentour fast durchgehend am Ufer der Altmühl mit einem kurzen Anstieg kurz nach Eichstätt, auf Nebenstraßen und meist asphaltierten Radwegen. Ein Teil der Strecke verläuft auf einer ehemaligen Bahntrasse.

Wie komm' ich hin?

ÖPNV:
Mit der Bayerischen Regiobahn von Ingolstadt nach Eichstätt in etwa 30 min, der Bahnhof ist barrierefrei.

Mit dem Auto:
Von München A9 bis Ausfahrt Lenting, von Nürnberg A9 bis Ausfahrt Kinding und weiter bis Eichstätt, Parkmöglichkeiten rund um den Bahnhof.

Wo tank' ich auf?

Gasthof Krone, Domplatz 3, Eichstätt
Angelinas Altmühlrast, Altmühlstr. 2, Walting
Schreinerwirt, Kipfenberger Str. 16, Gungolding
Zum blauen Hecht, Irlahüller Weg 2, Kipfenberg

Kartentipp: **ADFC Regionalkarte Altmühltal/Ingolstadt**

Tour 28

TOURSTART

*Die Reise beginnt am Bahnhof in Eichstätt, der etwas außerhalb liegt. Vom Bahnhof aus radelt man links Richtung Eichstätter Zentrum über den Vorort Wasserzell und trifft hinter der Altmühl auf den offiziell ausgeschilderten Altmühltal-Radweg (**Wegepunkt** ❶). Diesem folgen wir geradeaus durch Rebdorf und Marienstein in einem Rechtsbogen Richtung Zentrum von Eichstätt.*

Auf dem Marktplatz in Eichstätt

Einen Abstecher in das Zentrum von Eichstätt sollte man sich nicht entgehen lassen. Die historische Bischofs- und Universitätsstadt bietet eine enorme Pracht, vor allem an barocken Bauten. Berühmt sind nicht nur der im gotischen Stil gebaute [1] **Dom** samt zweier Kirchtürme und barocker Westfassade und die **fürstbischöfliche Residenz**, die direkt anschließt an den Dom. Seit dem achten Jahrhundert ist Eichstätt Bischofssitz. Entsprechend sammelten sich Kirchen, Kapellen und Klöster an, die auch heute noch den Ort prägen. Eine Besonderheit sind auch die zahlreichen historischen Domherrenhöfe. Diese geschichtsträchtige Qualität zusammen mit der speziellen Atmosphäre einer Universitätsstadt verleiht Eichstätt einen ganz besonderen Charakter, eine Mischung aus gediegener Tradition und jugendlichem Charme. Interessant ist übrigens auch, dass Eichstätt mit dem Jahr der Säkularisation 1803 Teil des Fürstentums Salzburg und damit österreichisch wurde. Doch nur zwei Jahre später wurde es im Rahmen des Friedens von Pressburg wieder dem Königreich Bayern zugeordnet.

Von Eichstätt führt der Radweg nun flussabwärts an der Altmühl entlang. Kurz bevor man zur nächsten Ortschaft Landershofen kommt, könnte man auf der linken Seite ein sehr ungewöhnliches Kunstwerk besichtigen.

Hier hatte der Eichstätter Bildhauer Alois Wünsche-Mitterecker 78 überlebensgroße [2] **Plastiken** geschaffen, die sich auf dem Feld verteilen und insgesamt wie

Viel Historie: der Residenzplatz in Eichstätt

ein Schlachtfeld mit erstarrten Opfern wirken. Ein eindrucksvolles Mahnmal gegen Krieg und Gewalt.

Weiter geht es flussabwärts über Pfünz und Inching nach Walting.

Bei Pfünz stoßen wir auf Überreste eines 3 **römischen Kastells**, das teilweise wieder aufgebaut wurde. Vetoniana war Teil des römischen Grenzwalls Limes, der heute den Status des UNESCO Weltkulturerbes hat. Sehenswert ist in Pfünz auch die alte Steinbrücke, die auf das Mittelalter zurück geht. Auf dieser alten Brücke wechselt der Radweg wieder an das Nordufer der Altmühl. Dort kann man von weitem das **Schloss Pfünz** erkennen, dass heute ein Jugendtagungshotel ist. Kurz danach bei der Almosmühle wartet ein besonderes Erlebnis. Das eiskalte Wasser der Karstquellen wäre bei sommerlichen Radtouren eine wirklich nachhaltige Erfrischung.

Mitten im Ort Walting steht das eigentlich schöne historische Gut Moierhof, das früher eine beliebte Raststation war, dann aber geschlossen wurde. Gut einkehren kann man dafür im Domcafé der Konditorei Jäger.

Reisemobilstellplätze an oder nahe der Route

Wohnmobilstellplatz der Stadt Eichstätt, Pirkheimerstraße, Eichstätt

Altdorf, Anlauterweg 6a, Titting

E-Bike Ladestationen an oder nahe der Route

Bike Energy, Domplatz 18, Eichstätt

Bike Energy, Kardinal-Preysing-Platz 14, Eichstätt

Landgasthaus zur Mühle, Pfünzer Str. 5, Walting

Blick hinauf zur Burg Arnsberg

Nun wechseln wir in Walting wieder die Seite und radeln am Südufer weiter über die flachen Wiesen auf dem asphaltierten Radweg. Nun legt die Altmühl eine relativ scharfe Rechtskehre hin, nach der wir den kleinen Ort Pfalzpaint erreichen. Der kleine Ort hat mit der **4 St. Andreas Kirche** *ein wirklich stattliches Gotteshaus. Hier geht es wieder ans Nordufer und gleich nach der Brücke rechts weiter (**Wegepunkt** ❷). Über Gungolding fahren wir an Arnsberg vorbei. Die Altmühl absolviert hier zuerst eine scharfe Linkskehre, dann gleich wieder eine genauso enge Rechtskehre, bevor es auf Kipfenberg zugeht.*

Bekannt ist Gungolding für das kleine Naturschutzgebiet Gungoldinger Wacholderheide, das sich nördlich vom Ort ausbreitet. Seit 1959 steht die nur 72 Hektar große Wacholderheide unter Naturschutz.

Nun führt der Weg weiter nach Arnsberg, wo man von weitem die **5 Schlossruine** hoch oben über steilen Felswänden sieht. Das Schloss wurde im 13. Jahrhundert erstmals erwähnt und ist teils Ruine und teils ein Hotel.

Kipfenberg ist in mehrfacher Hinsicht ein besonderer Ort. Über dem Zentrum thront die **Burg Kipfenberg**. Die Burg ist in Privatbesitz und geht auf das 13. Jahrhundert zurück. Im Zentrum von Kipfenberg stößt man auf eine eigenwillige Holzskulptur, die eine Schamanin darstellt. Sie ist eine von sechs Holzfiguren, die 2008 anlässlich eines Bildhauersymposiums geschaffen und aufgestellt wurden und damit auch den Verlauf des einstigen Limes durch den Ort repräsentieren. Eine andere Besonderheit des Ortes ist der **6 geographische Mittelpunkt Bayerns**, der oberhalb der Burg Kipfenberg zwischen dem Ort Kipfenberg und Gelbelsee

Ideal für eine Pause:
der Marktplatz in Kipfenberg

liegt. Er ist auch entsprechend markiert und mit Fahnen dekoriert Direkt nebenan gibt es einen Parkplatz. Mit dem E-Bike lässt sich die Fahrt auf der etwas steileren und kurvenreichen Straße gut bewältigen.

Unten im Tal geht es dann auf dem asphaltierten Radweg auf der linken Talseite flach weiter bis zur kleinen Ortschaft Ilbling. Langsam nähert sich der Radweg der Autobahn A9 und der Bahnlinie zwischen Nürnberg und München. Der Bahnhof Kinding ist Endstation.

Man könnte aber vorher noch einen kleinen Abstecher in das Zentrum von Kinding machen. Denn dort gibt es mit der 7 **Kirchenburg Mariä Geburt** eine ganz besondere Sehenswürdigkeit. Eine Kirche, die im Mittelalter auch als Festung diente und die deshalb mit einer Ringmauer und mehreren Türmen ausgestattet ist, damit sich die Menschen bei Gefahr hier in Sicherheit bringen konnten.

Tipp: Es gibt im unteren Altmühltal und damit auch rund um Eichstätt Freizeitbusse, die Radler samt ihrer Bikes zurück transportieren. Mehr Infos unter www.naturpark-altmuehltal.de

Jeweils 224 Seiten, durchgehend farbig, Paperback, Format 14,5 x 21 cm, Preis € 14,95

ISBN 978-3-96990-069-7

ISBN 978-3-96990-048-2

Die 99 schönsten RADTOUREN für CAMPER in Norddeutschland, Dänemark und den nördlichen Niederlanden

ISBN 978-3-96990-102-1

ISBN 978-3-96990-107-6

ISBN 978-3-96990-079-6

ISBN 978-3-96990-078-9

Die schönsten Radelregionen in unserer Buchreihe:

Die 25 schönsten E-BIKE TOUREN

Jeweils 224 Seiten, durchgehend farbig, Paperback, Format 14,5 x 21 cm
Preis € 17,95

GPS-Tracks Download

ISBN 978-3-96990-213-4

ISBN 978-3-87073-112-0

www.fahrrad-buecher-karten.de

Impressum

1. Auflage 2024

Touren/Texte: Georg Weindl, Schechen

Titelfoto: © JFL Photography – AdobeStock; ilbusca - iStock

Fotos: Georg Weindl (S. 24, 25 oben, 25 unten, 27, 31 unten, 32, 34, 35, 36, 37, 41, 45 unten, 50, 50/51, 60, 60/61, 64, 66/67, 68 oben, 68 unten, 69, 70, 75, 77 oben, 81 unten, 84, 90, 91 unten, 96, 100, 111, 120, 124/125, 125 rechts, 128, 131, 138, 139, 144, 150, 151, 153, 162, 163, 167, 173 rechts, 179, 180, 181, 192, 193 unten, 194, 196, 198 oben, 198 unten, 199, 208, 214) sowie

© Reit im Winkl Tourismus (S. 2/3, 126), © Chiemsee-Alpenland Tourismus (S. 4/5, 108, 112, 114, 116, 117, 123 oben, 123 unten, 132, 135, 136/137, 164/165, 164 unten), © Tourismus Oberbayern München eV/Peter von Felbert (S. 6/7), © Christoph Jorda (S. 8/9, 42), © Manfred Antranias Zimmer / Pixabay (S. 10/11), © gwt Starnberg GmbH (S. 14, 16/17, 17 unten, 18, 21), © Stefan Karl / wikimedia (S. 19), © Bayern Tourismus (S. 22), © NGSOFT / pixabay (S. 26), © perlenfinder / pixabay (S. 29), © Boschfoto / wikimedia (S. 30), © Fünf Seen Land Starnberg / flickr (S. 31 oben), © Leonhard_Niederwimmer / pixabay (S. 38), © designerpoint / pixabay (S. 39), © RitaE / pixabay (S. 40 oben), © holzijue / pixabay (S. 40 unten), © Tourismusverband Pfaffenwinkel (S. 44, 45 oben), © Fentriss / wikimedia (S. 46), © Kunz PR (S. 47), © Flussar / wikimedia (S. 48), © ErwinMeier / wikimedia (S. 52), © digital cat / flickr (S. 55), © Drifta Beatz / flickr (S. 56), © Thomas Wolf / www.foto-tw.de (S. 59), © Matt Kowalczyk / flickr (S. 63), © Christoph Meinersmann / pixabay (S. 71), © oberbayern.de / Peter von Felbert (S. 72), © Julian Herzog / wikimedia (S. 74), © Richard Bartz / wikimedia (S. 76), © Rufus46 / wikimedia (S. 77 unten), © Stefan Schweihofer / pixabay (S. 79, 81 oben), © Jürgen / pixabay (S. 80), © Alpenwelt Karwendel (S. 82, 86, 87, 88, 88/89, 91 oben), © Tourismus Lenggries, Adrian Greiter (S. 85), © Duernsteiner / pixabay (S. 92), © SchiDD / wikimedia (S. 94/95), © Werner Satzger / pixabay (S. 99), © Mateus2019 / wikimedia (S. 103), © Baumst / wikimedia (S. 104), © Daniel Coral / wikimedia (S. 105), © pixabay (S. 106/107), © Dieter Schnöpf / wikimedia (S. 107 unten), © G.Piezinger / wikimedia (S. 113), © Guido Radig / wikimedia (S. 119), © Chiemgau Tourismus (S. 129, 154, 156, 157, 160, 165 rechts), © en:stone / wikimedia (S. 130), © Pixelteufel / flickr (S. 134, 143), © Heinz Bunse / flickr (S. 140), © Rolf Kranz / wikimedia (S. 145), © C. Stadler, Bwag / wikimedia (S. 146), © Arne Müseler/arne-mueseler.com (S. 148/149), © Werner100359 / wikimedia (S. 149 unten), © Carsten Steger / wikimedia (S. 152), © SimonWaldherr / wikimedia (S. 159), © Tourist-Info Waginger See / Scheuerecker (S. 168, 170/171, 172/172), © Flodur63 / wikimedia (S. 174/175), © München Tourismus, Thomas Klinger (S. 177), © München Tourismus, Jörg Lutz (S. 178), © München Tourismus, Anna-Lena Zintel (S. 182), © München Tourismus, Luis Gervasi (S. 185), © lapping / pixabay (S. 186), © München Tourismus, Tommy Loesch (S. 187 oben), © TOM Oberbayern (S. 187 unten), © Oberbayern/Landkreisfreising (S. 188, 189), © Oberbayern (S. 190, 193 oben, 202, 204/205, 207), © Tourismus Oberbayern München eV (S. 201), © Roland Schäfer / pixabay (S. 210/211), © WolfgangRieger / wikimedia (S. 212 oben), © Tourismusverband Ostbayern/Herbert Stolz (S. 212 unten, 213), © SimonWaldherr / wikmedia (S. 215), © Naturpark Altmühltal / Dietmar Denger (S. 216, 218, 219, 220, 221).

Buchgestaltung: Horst Krückemeier, www.hokrue.de, Bielefeld

Layoutkonzept und Umschlaggestaltung: Alexandra Struve, www.designundich.de, Braunschweig

Kartografie: BVA BikeMedia

ISBN: 978-3-96990-069-7